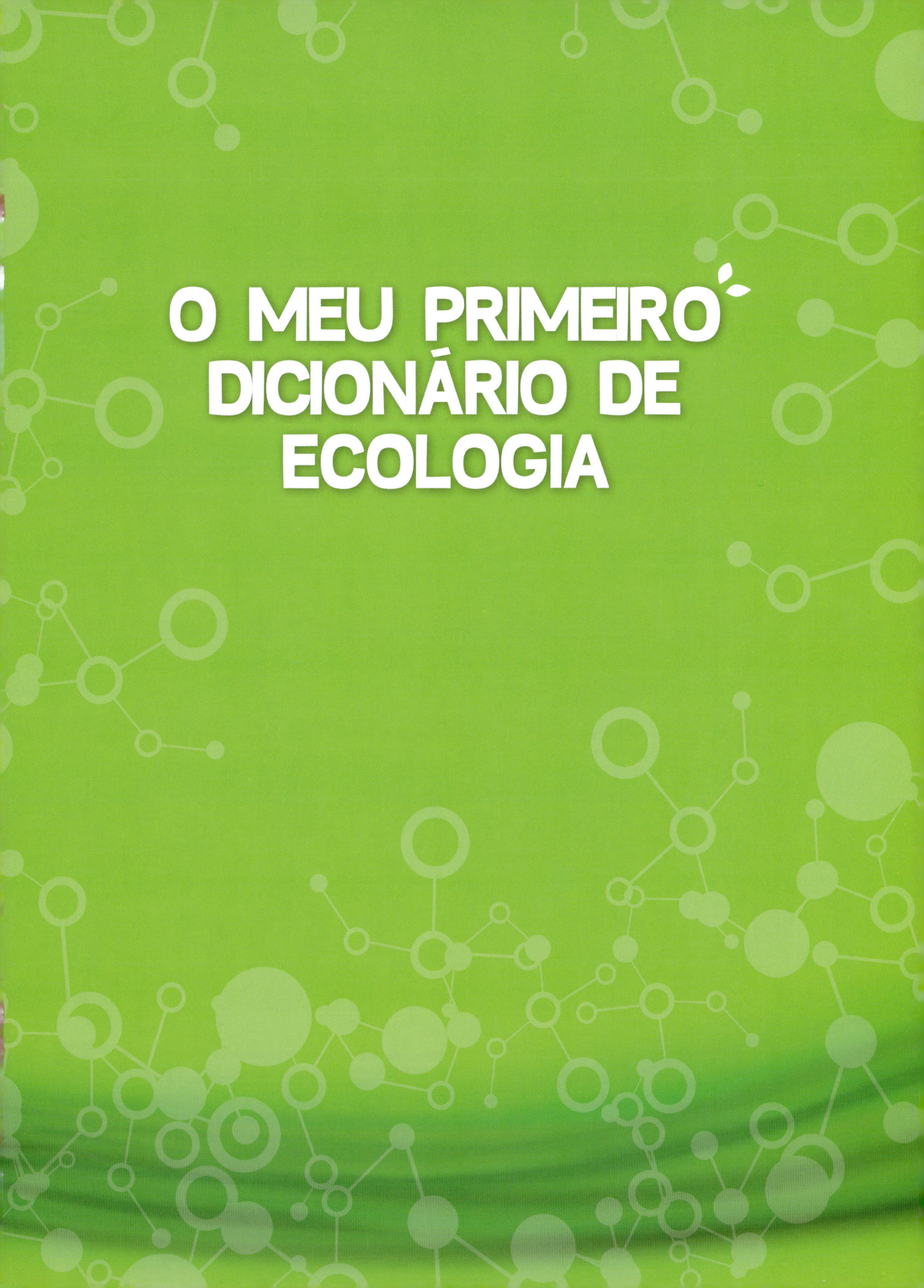

Título original: L'ÉCOLO DICO DE GULLIA
Copyright © HATIER, Paris, 2010.

Editoras
Cristina Fernandes Warth
Mariana Warth

Revisão tipográfica
Clarisse Cintra

Produção editorial
Aron Balmas
Rafaella Lemos
Silvia Rebello

Revisão técnica
Achilles Chirol

Diagramação de miolo
Abreu's System Ltda.

Tradução
Aurélio Barroso Rebello
Laura Alves

Ilustrações da personagem
Victor Tavares

Revisão de tradução
Rafaella Lemos

Capa
Aron Balmas

(Este livro segue as novas regras do Acordo Ortográfico da Língua Portuguesa.)

Todos os direitos reservados à Pallas Editora e Distribuidora Ltda. É vetada a reprodução por qualquer meio mecânico, eletrônico, xerográfico etc., sem a permissão por escrito da editora, de parte ou totalidade do material escrito.

Cet ouvrage, publié dans le cadre du Programme d'Aide à la Publication 2011 Carlos Drummond de Andrade de la Médiathèque de la Maison de France, a bénéficié du soutien de l'Ambassade de France au Brésil et de l'Institut Français.

Este livro, publicado no âmbito do Programa de Apoio à Publicação 2011 Carlos Drummond de Andrade da Mediateca da Maison de France contou com o apoio da Embaixada da França no Brasil e do Institut Français.

CIP-BRASIL. CATALOGAÇÃO-NA-FONTE
SINDICATO NACIONAL DOS EDITORES DE LIVROS, RJ

G329m

Germanangue, Marc
   O meu primeiro dicionário de ecologia / Marc Germanangue, Bruno Goldman ; [tradução Aurélio Rebello, Laura Alves ; ilustrações Victor Tavares].
- Rio de Janeiro : Pallas, 2012.
   68p. : il.

Tradução de: L'ecolo dico de Gullia
ISBN 978-85-347-0454-0 (capa dura)
ISBN 978-85-347-0473-1 (capa brochura)

1. Ecologia - Dicionários infantojuvenis. I. Goldman, Bruno II. Título.

11-8388.
CDD: 577.03
CDU: 574(038)

Pallas Editora e Distribuidora Ltda.
Rua Frederico de Albuquerque, 56 – Higienópolis
cep 21050-840 – Rio de Janeiro – RJ
Tel./fax: 21 2270-0186
www.pallaseditora.com.br
pallas@pallaseditora.com.br

O MEU PRIMEIRO DICIONÁRIO DE ECOLOGIA

Marc Germanangue e **Bruno Goldman**
TRADUÇÃO DE Aurélio Rebello e Laura Alves

Pallas Editora, 2012

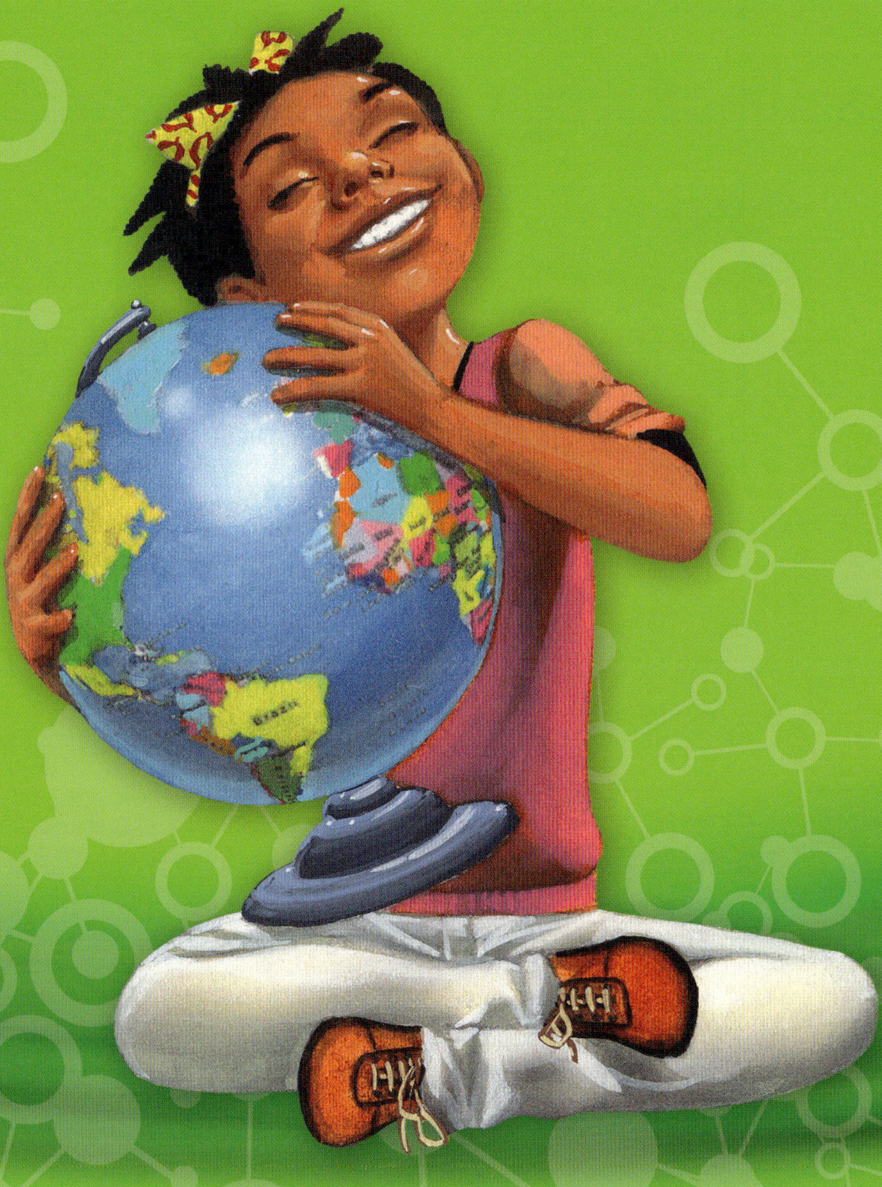

sumário

A

Agricultura 8
Água 9
Antártida 9
Aquicultura 10
Ar 11
Ártico 12
Atitudes em defesa
do meio ambiente 12

B

Banquisa 13
Bio 14
Biocombustível 14
Biodegradável 15
Biodiversidade 15

C

Caatinga 16
Cadeia alimentar 16
Camada de ozônio 17
Casa ecológica 17
Catástrofe natural 18
Catástrofe nuclear 19
Central nuclear 19
Cerrado 20
Chuva ácida 20
Cidade 21
Clima 23
Clonagem 23
Comércio equitativo 24
Compostagem 24

D

Dejetos 25
Dejetos nucleares 25
Desenvolvimento sustentável ... 26
Desertificação 26
Dióxido de carbono (CO$_2$) 27
Doença 27

E

Ecoatitude/Ecoconsumidor 28
Ecologia 28
Economia de energia 29
Ecossistema 29
Ecoturismo 30
Efeito estufa 31
Eletricidade 32
Elevação do nível do mar 32
Energia 33
Energia renovável 34
Espécies ameaçadas de
extinção 35

F

Fertilizante 36
Floresta amazônica 36
Floresta/Desmatamento 37

G

Globalização 38
Greenpeace 38
Grenelle: mesas redondas
sobre o meio ambiente 39

I
Irrigação 39

L
Lâmpada econômica 40
Lençol freático 40
Litoral 41

M
Maré negra 41
Mata Atlântica 42
Mata de araucária 42
Megalópole 43
Meio ambiente 44
Migração 44

N
Nanotecnologia 45

O
Oceanos e mares 46
OGM 46
OMS 47

P
Pampas 48
Pantanal 48
Parques naturais nacionais 49
Patrimônio mundial 49
Pegada ecológica 50
Pesca 50
Pesticida 51
Petróleo 51
Poços de carbono 52
Poluição 52
População 53
Princípio da precaução 53
Progresso 54
Protocolo de Quioto 54

R
Radioatividade 55
Reciclagem 55
Recursos/Carências 56
Refugiado climático 56
Revolução Industrial 57

T
Terra, planeta 58
Transporte 59
Transporte compartilhado 59
Triagem seletiva 60

V
Veículo elétrico 60

W
WWF 61

Agricultura

Para se alimentar, os seres humanos cultivam vegetais ou criam animais. É isso que se chama agricultura.

Pelo mundo afora existem diversos tipos de agricultura:

- **Agricultura intensiva:** os agricultores tentam produzir cada vez mais depressa para alimentar a população mundial, sempre crescente. Para conseguir isso, utilizam muitos produtos químicos (fertilizantes, inseticidas, pesticidas) que poluem os rios e, infelizmente, podem ser nocivos a vegetais, animais e seres humanos.
- **Agricultura orgânica:** recusa ou limita ao mínimo necessário o uso de fertilizantes e pesticidas, a fim de preservar o meio ambiente e a nossa saúde. A agricultura orgânica substitui os produtos químicos por fertilizantes biológicos, chamados de fertilizantes "verdes", ou seja, plantas que fornecem elementos nutritivos às plantações. É preciso saber que os produtos orgânicos custam mais caro do que os produtos tradicionais, pois exigem mais mão de obra.
- **Agricultura racional:** embora utilize produtos químicos, esta forma de agricultura também procura levar em consideração o meio ambiente e limitar os efeitos negativos sobre a fauna e a flora.

Quase um bilhão de indivíduos sofre de fome no mundo. Mas a causa do problema não é uma carência global de alimentos: se estes fossem melhor distribuídos, a produção agrícola bastaria folgadamente para alimentar todos os habitantes da Terra. Para isso seria preciso compartilhar os recursos, evitando o desperdício e procurando sempre aplicar os progressos técnicos de forma mais racional.

→ **VER TAMBÉM:** Aquicultura; Bio; Composto; Fertilizante; Irrigação; OGM; Pesticida.

VOCÊ SABIA?

No café da manhã você talvez costume comer cereais misturados com leite. Mas sabe exatamente o que são "cereais"? São plantas cultivadas, das quais se extraem as sementes, como o trigo, o milho, o arroz, a cevada, a aveia. Leia a embalagem do pacote de cereais para aprender o nome dos seus prediletos.

Campo de cevada ao pôr do sol

Água

Visto do espaço, o nosso planeta Terra é belo e... azul! Ele é azul porque dois terços da sua superfície são formados por mares e oceanos. A água é indispensável à vida, e este é um recurso abundante em nosso planeta. Mas essa riqueza é distribuída de forma desigual e está ameaçada. Algumas áreas são muito ricas em água, enquanto outras são desérticas. Além disso, uma parte da humanidade consome e desperdiça grande quantidade de água, enquanto mais de um bilhão de habitantes da Terra (dos cerca de 7 bilhões atuais) não tem acesso a água potável.

A água também está ameaçada pela poluição: poluição dos oceanos, dos mares, dos rios e até mesmo das reservas subterrâneas.

A purificação, ou seja, o tratamento das águas poluídas e usadas, custa caro e desperdiça energia. A água é preciosa, vamos preservá-la!

Muitas vezes nos orgulhamos do grande potencial hídrico do Brasil, mas devemos lembrar que boa parte das nossas reservas hídricas (cerca de 70%) está localizada na Região Norte, enquanto a maior parcela da população (42%) vive na Região Sudeste. O transporte dessa água é praticamente inviável devido ao seu alto custo. Portanto, é importante preservar as nascentes e os cursos d'água próximos de onde vivemos, evitando desmatar as áreas de nascentes e jogar esgoto ou lixo nos rios.

info +

QUANTA ÁGUA!

Mais de 97% da água da Terra é salgada. A água doce representa menos de 3% das reservas de água do planeta. E a maior parte da água doce se encontra em forma de gelo, nas banquisas polares e nas geleiras das montanhas.

Antártida

A Antártida, também chamada de Polo Sul, é um dos seis continentes. Trata-se de uma reserva natural internacional "consagrada à paz e à ciência". Apenas alguns cientistas se revezam em temporadas ali, pois as temperaturas frias demais não permitem moradia permanente. Recentemente eles tiveram uma ideia brilhante: analisar as bolhas de ar presas há muito tempo nas geleiras da Antártida. Quanto mais escavam, mais descobrem informações antigas e esclarecedoras sobre os climas de um passado longínquo.

→ **VER TAMBÉM:** Ártico; Banquisa

Gelo e neve fora de vista...

VOCÊ SABIA?

A técnica utilizada pelos cientistas para escavar o gelo é chamada de:

A. Picotagem, porque eles retiram imensos picos de gelo.
B. Cenouragem, porque o gelo retirado tem a forma de imensas cenouras.
C. Esgrima, porque eles retiram imensas espadas de gelo.

Resposta: B

info +

ANTÁRTIDA: FRIO RECORDE

Vista o seu casaco mais grosso e calce as suas botas porque nós vamos viajar para a Antártida, no sul do planeta. O tamanho desse continente equivale a uma vez e meia o da Europa. Ali o recorde de frio é de -89°C (89 graus centígrados negativos)! E os ventos chegam a atingir 300 km/h. Os únicos animais que conseguem viver naquelas paragens são pinguins, focas, baleias, elefantes marinhos e alguns pássaros.

Aquicultura

Aquicultura

Em latim, *aqua* significa água. Você consegue deduzir o significado do termo aquicultura? É a criação de espécies animais ou vegetais em meio aquático (mar, rio ou lago).

- Os aquicultores ou "agricultores das águas" estimulam o crescimento de algas e cultivam peixes, camarões, ostras, mexilhões e mariscos de todo tipo.
- A fim de atender às necessidades alimentares cada vez maiores dos seres humanos, a aquicultura está em pleno desenvolvimento, com o risco de destruir certos ecossistemas e espécies selvagens!
- Hoje em dia, de todos os peixes consumidos no mundo, mais da metade vem de algum criadouro. Da próxima vez que você comer peixe, tente se informar de onde ele vem!

A aquicultura, que vem aumentando no Brasil, ameaça diversos manguezais, principalmente no Nordeste. Esses ecossistemas, que surgem do encontro entre o rio e o mar, são muito sensíveis a alterações e desempenham um papel muito importante na reprodução de diversas espécies marinhas. Logo, a sua destruição pode causar um sério desequilíbrio.

→ **VER TAMBÉM:** Pesca.

info +

UMA INVENÇÃO QUE VEIO DE LONGE

Foram os chineses e os egípcios que inventaram a aquicultura há mais de 5.000 anos. Ainda hoje grande parte da produção aquícola mundial vem da Ásia.

VOCÊ SABIA?

Se a piscicultura é a criação de peixes e a algocultura é a cultura de algas, então o que seria a maricultura?

A. A criação de mariscos
B. A criação de camarões
C. A criação de lagostins

Resposta: A

Criação de ostras na França

Ar

Nas grandes cidades a qualidade do ar nem sempre é boa.

O ar é algo que não se vê nem se sente, mas se respira. É composto principalmente dos dois gases – oxigênio e nitrogênio – que constituem a atmosfera da Terra. O ar também é formado por uma quantidade muito pequena de gases raros, que retêm na Terra o calor do Sol. São chamados de gases de efeito estufa. Assim como os vidros de uma estufa, esses gases permitem a entrada dos raios do Sol e só os deixam sair parcialmente. Sem esses gases, a temperatura do nosso planeta seria de 18 graus centígrados negativos (- 18°C). Eles são indispensáveis à vida na Terra, mas, em grande concentração, podem provocar um perigoso aquecimento.

O ar do nosso planeta é poluído por gases e poeiras provenientes das indústrias, dos aquecedores ambientais e dos transportes, e isso pode ser nocivo à nossa saúde. Para reduzir essa poluição seria preciso, por exemplo, diminuir o número de veículos ou utilizar veículos elétricos, dar preferência aos transportes coletivos, evitar os aviões que lançam excesso de CO_2 no ar e optar pelo transporte ferroviário de mercadorias.

Cidade do México, Cairo e Los Angeles são exemplos de cidades muito poluídas devido à grande concentração de atividades humanas e circulação de veículos automotores.

→ **VER TAMBÉM:** Dióxido de carbono; Efeito estufa; Poluição; Cidade.

A cidade de São Paulo, com mais de 11 milhões de habitantes, é a maior cidade do hemisfério Sul. Levando-se em conta toda a região metropolitana (as cidades próximas), a população passa de 20 milhões de pessoas.

Com uma frota de quase 7 milhões de carros e uma forte indústria, a poluição do ar na cidade atinge níveis muito elevados, causando uma série de doenças respiratórias. Mas o problema não é insolúvel: a cidade paulista de Cubatão, que nos anos 1980 chegou a ser considerada a mais poluída do mundo, nos últimos anos conseguiu reduzir em mais de 90% a emissão de poluentes, graças à ação conjunta da prefeitura e das indústrias.

Ártico

Em oposição à Antártida, situada ao sul do planeta, o Ártico é a região em torno do POLO NORTE da Terra. Certos cientistas definem essa região como o local cuja temperatura não passa de 10°C em julho, o limite para as árvores conseguirem crescer! Constituído por um oceano gelado e terras muito frias, o Ártico tem cerca de 4 milhões de habitantes, em geral esquimós e lapões, dispersos entre o Alasca, o Canadá, a Noruega, a Groenlândia e a Rússia. Se você se aventurasse pelas banquisas, talvez encontrasse certas espécies de animais, como o urso polar, a raposa polar e a rena.

Atualmente, essa região está seriamente ameaçada pelas mudanças climáticas. Ali o aquecimento terrestre é duas vezes mais rápido do que no resto do mundo. Principal consequência: a banquisa derrete e há quem afirme que ela diminui 500.000 km² por ano, quase duas vezes o tamanho do estado de São Paulo!

→ **VER TAMBÉM:** Antártida; Banquisa; Clima.

info +

RESERVAS DE OURO NEGRO

Nestes tempos de petróleo raro e caro, o Ártico é um território que poderia se tornar cada vez mais precioso. De fato, alguns cientistas afirmam que o seu subsolo contém enorme quantidade do ouro negro (quase um quarto do petróleo ainda por ser descoberto).

Atitudes em defesa do meio ambiente

Numerosas atitudes da vida cotidiana agravam o efeito estufa. Se mudarmos os nossos hábitos, todos nós podemos nos tornar ecocidadãos responsáveis de verdade e fazer algo pelo nosso planeta. Por onde começar? Em casa, você pode utilizar lâmpadas econômicas, apagar as lâmpadas quando sair de um aposento, fechar a torneira enquanto escova os dentes... Se você tem um jardim, poderá fazer compostagem, o verdadeiro fertilizante natural para as plantas. Se a sua escola fica perto de casa, vá a pé ou use transporte coletivo. O nosso planeta precisa muito que todos nós façamos um pequeno esforço!

→ **VER TAMBÉM:** Lâmpada econômica; Ecoatitude/Ecoconsumidor; Economia de energia; Ecoturismo.

Tome uma atitude em defesa do planeta, praticando em casa estas simples medidas para proteger o meio ambiente e economizar energia:

- se você desligar os aparelhos elétricos em vez de deixá-los em posição de espera, estará economizando 5% do consumo de eletricidade;
- se tomar uma chuveirada rápida em vez de um banho demorado, consumirá menos água e também menos eletricidade ou gás (usados para aquecer a água);
- se ajustar corretamente o termostato do ar-condicionado irá poupar energia.

Banquisa

Banquisa é uma extensão de gelo flutuando no oceano, perto dos polos terrestres. Forma-se durante o inverno polar, quando a temperatura da água chega a menos de dezenove graus centígrados negativos (- 19°C).

Estudos revelam que o aquecimento global atinge mais fortemente a região polar ártica. Naquela região, a elevação da temperatura é quase duas vezes mais intensa do que em qualquer outra. Como consequência, nos últimos 100 anos, a extensão da banquisa do Polo Norte nunca esteve tão reduzida como agora. E quanto mais a banquisa se reduz, mais depressa o Oceano Ártico se aquece, acelerando assim o derretimento do resto do gelo. Esse círculo vicioso poderá provocar o desaparecimento total da banquisa no Polo Norte no verão, o mais tardar por volta do ano 2030.

→ **VER TAMBÉM:** Antártida; Ártico; Clima.

Bio

Este prefixo permite a formação de inúmeras palavras, como a clássica "biologia" (estudo dos seres vivos) ou, a mais recente, "biocombustível". Mas esse prefixo acabou se transformando em uma nova palavra completa, um sinônimo de natural. É usada para designar tudo o que é produzido ou fabricado respeitando-se a natureza. A agricultura orgânica, ou "agricultura bio", por exemplo, recusa ou reduz ao mínimo indispensável o uso de fertilizantes, pesticidas e outros produtos químicos e organismos geneticamente modificados (OGM). Ela também respeita o meio ambiente e o bem-estar dos animais. Os produtos "bio" são naturais.

→ **VER TAMBÉM:** Agricultura; Biocombustível; Biodegradável; Biodiversidade; Fertilizante; OGM; Pesticida.

info +

SELO PRODUTO ORGÂNICO BRASIL

O selo Produto Orgânico Brasil está presente em alimentos vendidos em supermercados e certifica oficialmente sua procedência e qualidade orgânica.

Biocombustível

Biocombustível

O combustível é o líquido ENERGÉTICO que se coloca no tanque de alguns veículos (camihões, carros, aviões...) para acionar o motor. Os biocombustíveis são fabricados a partir de certas plantas ou vegetais. Os AGROCOMBUSTÍVEIS são elaborados a partir de produtos agrícolas. Embora se destinem a substituir os produtos derivados do petróleo e às vezes se utilize a expressão "combustível verde", os biocombustíveis também causam problemas: o cultivo dessas plantas demanda muita água e energia, ameaçando o desenvolvimento de outras, necessárias à alimentação.

→ **VER TAMBÉM:** Bio; Energia.

BIO NO BRASIL

No Brasil, o etanol (um biocombustível) já representa 50% do consumo da energia dos automóveis. De fato, o país é o primeiro produtor mundial de combustíveis "bio", elaborados principalmente a partir da cana-de-açúcar. É um exemplo a ser seguido!

Plantação de cana-de-açúcar

Biodegradável

Diz-se que um material é biodegradável quando ele pode ser destruído naturalmente por minúsculos organismos vivos (bactérias, fungos etc.).

Quando você fizer um passeio por algum bosque, poderá observar facilmente folhas mortas em estado de decomposição, caídas no solo: daí a algumas semanas elas estarão totalmente biodegradadas. Você sabia que, ao contrário, uma garrafa de plástico, material não biodegradável, pode levar quase 4.000 anos para desaparecer?

Hoje em dia é importante fazer certas escolhas, para facilitar a reciclagem. Em vez de usar um saco plástico para carregar compras, por que não preferir, por exemplo, um saco de papel de milho, que leva apenas um a dois meses para se degradar?

→ **VER TAMBÉM:** Bio; Reciclagem; Triagem seletiva.

VOCÊ SABIA?

Destes três elementos, qual levará mais tempo para se degradar?
- A. Uma garrafa de vidro
- B. Uma guimba de cigarro
- C. Um chiclete

Resposta A: a guimba de cigarro levará pelo menos um ano para se degradar; o chiclete, cinco anos; e a garrafa de vidro, um milhão de anos!)

info +

ESPÉCIES AMEAÇADAS DE EXTINÇÃO

99% das espécies que viveram no nosso planeta desde a origem da vida já não existem atualmente. Embora esses desaparecimentos sejam naturais, há várias décadas as atividades humanas vêm sendo responsáveis pela aceleração desse fenômeno.

Biodiversidade

Mais uma palavra construída com o prefixo BIO! Logicamente, a biodiversidade é a diversidade dos seres vivos, ou seja, a variedade de espécies animais e vegetais que povoam o nosso planeta. Animais, plantas, seres humanos... todos nós fazemos parte dessa biodiversidade. E calcula-se que essa extraordinária riqueza seja constituída por mais de 10 milhões de espécies.

Porém hoje certas cifras são preocupantes: quase um terço das espécies que povoam o nosso planeta desapareceu nos últimos 30 anos. Para sermos mais concretos: atualmente, uma em cada três rãs, um em cada oito pássaros e um em cada quatro mamíferos estariam correndo perigo! No banco dos réus: o desmatamento, a urbanização, a poluição e o aquecimento global, fenômenos criados principalmente pelo homem!

→ **VER TAMBÉM:** Bio; Clima; Floresta/Desmatamento; Poluição.

Caatinga

Situada em áreas do Nordeste e do Sudeste do Brasil, a caatinga apresenta vegetação de árvores de pequeno porte, retorcidas e espinhosas, com folhas pequenas que costumam cair durante a estação seca. Essas características resultam da pequena quantidade de chuva que cai na área, pois as plantas precisam conservar e armazenar água, evitando perdê-la. Muitas vezes as raízes, para poderem alcançar o lençol freático, são maiores do que a parte da planta que fica acima do solo. Os períodos em que a chuva, já escassa, fica abaixo do normal são chamados de "seca", podendo causar diversos prejuízos para todos os organismos, inclusive para o homem.

Cadeia alimentar

Para crescer e se reproduzir, os seres vivos precisam se alimentar, comendo uns aos outros, os mais fortes devorando os mais fracos! Assim, os pulgões roem folhas de roseira antes de serem comidos pelas joaninhas, e estas são bons petiscos para as aranhas, as quais, por sua vez, servem de comida para os pássaros, que talvez acabem entre os dentes de alguma raposa! Assim, o conjunto dessas relações forma uma cadeia, uma cadeia alimentar. Elas existem em grande número.

Os vegetais estão na base da cadeia alimentar dos animais herbívoros. Os insetos ficam bem no início da dos carnívoros. Os seres humanos estão no alto da sua cadeia alimentar: nutrem-se, por exemplo, de peixes muito grandes, como o atum, que com certeza comeu peixes menores, que por sua vez devoraram microrganismos aquáticos, os quais comeram algas... Os animais maiores, mesmo sem terem predadores, também podem ser comidos: o cadáver de um elefante é devorado por animais carniceiros, moscas e outros insetos! A cadeia é um ciclo, e o desaparecimento de um único elo ameaça todos os demais.

Camada de ozônio

Que tal darmos um salto estratosférico de uns 20 km sobre a Terra? Poderemos encontrar lá um elemento indispensável para nós: o ozônio.

Esse gás protege o nosso planeta de grande parte dos raios ultravioleta (UV) perigosos para a saúde. Sem a presença desse precioso filtro natural na atmosfera, a vida na face da Terra seria impossível!

Com certeza você já ouviu falar do buraco na camada de ozônio: certas atividades humanas produzem gases (CFC) que impedem a formação do ozônio. Resultado: surgiram buracos por cima do Ártico e da Antártida, e o filtro ficou parecendo uma peneira!

Felizmente, há alguns anos os CFC (antes usados nas geladeiras e nas bombas de aerossol) foram proibidos e substituídos por gases menos nocivos. Por isso, alguns cientistas calculam que a camada de ozônio se recuperará nos próximos 50 anos. Boa notícia!

info +

BRONZEAMENTO PROTETOR

Você sabe como reage a nossa pele para se proteger naturalmente dos raios ultravioletas que atravessam a camada de ozônio? É simples: ela se bronzeia. O bronzeamento é a reação natural da nossa pele para se proteger dos raios UV! Mas cuidado: é preciso se bronzear com moderação, evitando a exposição excessiva ao sol, muito nociva para a pele!

Casa ecológica

A fim de evitar o desperdício, alguns arquitetos inventaram casas ecológicas. Por exemplo, parte do telhado pode ser recoberta por vegetais para limitar o aquecimento durante o verão e impedir que o calor escape no inverno. Podem ser instaladas janelas que isolam o barulho, o frio ou o calor. Nas paredes, a madeira é um material natural de uso fácil, bom isolante térmico tanto no calor como no frio. A água da chuva pode ser armazenada em cisternas para regar o jardim ou encher as descargas dos sanitários. Também é possível utilizar energias "limpas", instalando painéis solares no telhado para produzir a eletricidade necessária para a casa.

Nas paredes internas é melhor utilizar tintas ecológicas sem solvente (produto químico nocivo à saúde). No jardim, o ideal é fazer compostagem para produzir um fertilizante natural para as plantas.

→ **VER TAMBÉM:** Compostagem; Economia de energia; Energia renovável.

VOCÊ SABIA?

O que é uma casa com energia positiva?
A. É uma casa que consome muita energia.
B. É uma casa que consome pouca energia.
C. É uma casa que produz mais energia do que consome.

Resposta: C

Casa ecológica construída em madeira e equipada com painéis solares.

Catástrofe natural

Catástrofe natural

Inundações, tempestades, catástrofes: o aquecimento é sempre o responsável por tudo isso?

Ciclones, tsunamis, erupções vulcânicas, terremotos, incêndios florestais... Esses fenômenos dramáticos estão sempre nas manchetes dos jornais, e podem varrer do mapa cidades e matar milhares de pessoas. Alguns têm causas totalmente naturais, e se originam nas profundezas da Terra. Porém, em outros casos (como as inundações ou os incêndios florestais, por exemplo), o homem também pode ter a sua parcela de responsabilidade.

É indispensável controlar melhor esses riscos, porque um número crescente de seres humanos vive em zonas perigosas. Você sabia, por exemplo, que 500 milhões de habitantes da Terra vivem perto de algum vulcão ativo?

Atualmente dispomos de meios cada vez mais aperfeiçoados para prevenir esses desastres: vigilância por satélite das regiões de risco; detecção dos estrondos da terra; sistema de alerta para prevenir a aproximação de tsunamis etc. Mas essas medidas nem sempre são oferecidas às populações dos países mais pobres, maiores vítimas das catástrofes naturais.

Muitas vezes achamos que no Brasil, por não termos vulcões, terremotos ou furacões, estamos livres de catástrofes naturais. Mas não é bem assim: em janeiro de 2011, devido a chuvas muito fortes (muito acima da média), houve enchentes e deslizamentos generalizados na região serrana do Rio de Janeiro, que mataram milhares de pessoas (estimativas chegam a mais de um milhão de vítimas fatais) e deixaram um número ainda maior de desabrigados. Não havia como evitar a chuva, mas com certeza o mau uso do solo, o desmatamento e a construção em áreas não apropriadas tornaram o desastre ainda maior.

→ **VER TAMBÉM:** Clima.

 info +

UMA TERRÍVEL ERUPÇÃO VULCÂNICA

Há 74.000 anos o vulcão indonésio Toba esteve na origem de uma das maiores catástrofes naturais que a Terra já sofreu. Uma erupção incrível projetou no ar 6.000 km³ de magma e rochas, provocando, durante vários anos, um inverno vulcânico, e então a queda das temperaturas resultou num colapso da população humana e animal.

Catástrofe nuclear

Chernobil: este nome significa alguma coisa para você? Pois foi nessa cidade da Ucrânia que, em 1986, ocorreu a maior catástrofe nuclear que o mundo já presenciou. A origem da tragédia foi a explosão de um dos reatores de uma central nuclear.

Até hoje não se sabe exatamente o número de vítimas no acidente. Há alguns anos a Organização das Nações Unidas (ONU) publicou um relatório indicando que milhares de pessoas poderiam vir a morrer por terem sido contaminadas por elementos radioativos.

Embora o acidente nuclear em Chernobil não tenha sido o único, foi o mais destruidor de todos os já registrados no mundo. Aliás, numa escala de gravidade que vai de 0 a 7, só ele obteve a péssima nota 7.

Recentemente ocorreu no Japão outro exemplo de desastre nuclear. Devido a um terremoto seguido de um tsunami, o complexo nuclear de Fukushima apresentou sérios problemas nos reatores, contaminando população e alimentos. É preciso perceber que a energia nuclear representa sérios riscos. Se as consequências foram graves no Japão, exemplo de planejamento e prevenção, com certeza seriam ainda piores em países menos preparados. A catástrofe em Fukushima atingiu o nível 5 da escala e foi o pior acidente nuclear desde Chernobil.

 **info +**

UMA ESCALA DE MEDIDA
Você conhece a escala Richter, que permite medir a força dos terremotos? Existe o mesmo tipo de ferramenta para se medir os acidentes nucleares. Tem o nome de INES e engloba oito níveis (de 0 para os menos graves até 7 para os mais dramáticos). Nas centrais nucleares francesas, anualmente registram-se um ou dois incidentes de nível 2.

→ **VER TAMBÉM:** Central nuclear; Dejetos nucleares; Radioatividade.

Central nuclear

Pelo mundo afora, grandes usinas produzem energia, eletricidade. São as chamadas centrais. As centrais térmicas fabricam eletricidade com carvão ou petróleo. As centrais nucleares fazem isso "quebrando" átomos de urânio (os átomos são minúsculas partículas de matéria): essa operação se chama fissão nuclear.

No reator nuclear, alma de uma central nuclear, milhões de átomos de urânio são quebrados: cada fissão provoca outras, numa reação em cadeia. A fissão libera enorme quantidade de calor que aquece a água, cujo vapor aciona uma turbina. A rotação da turbina aciona um alternador que produz eletricidade.

Problema grave: o urânio utilizado nos reatores produz dejetos nucleares muito radioativos, cujo perigo perdura por centenas de milhares e até milhões de anos.

ALGUNS NÚMEROS
Em 2000 havia cerca de 450 centrais nucleares no mundo (20 na França, com uns 60 reatores nucleares). Em 2030, o planeta terá certamente mais de mil usinas nucleares. O que faremos com os dejetos?

→ **VER TAMBÉM:** Catástrofe nuclear; Dejetos nucleares; Radioatividade

Cerrado

Cerrado

O Cerrado, localizado na região Centro-Oeste e em parte das regiões Norte e Sudeste, é um ecossistema caracterizado por árvores bem espaçadas e vegetação rasteira. O clima é marcado por uma estação seca (outono e inverno) e outra úmida (verão e primavera). No Brasil, esse ecossistema, muito vulnerável a perturbações, é um dos mais ameaçados atualmente pela atividade agrícola. A proximidade do Sul e do Sudeste e o relevo plano facilitam a agricultura, e essa área tem sido usada para o cultivo da soja, que substitui a vegetação original e faz com que o Cerrado seja um dos biomas brasileiros com maior taxa de desmatamento. Outro problema: diversas nascentes de rios que desaguam nas regiões Sudeste e Norte nascem em áreas do Cerrado. A poluição dessas nascentes pela atividade agrícola (com agrotóxicos e defensivos agrícolas) afeta populações bem distantes.

Uma das feições típicas do Cerrado é a chamada "mata de galeria", que se desenvolve nas margens dos rios, onde a umidade propicia o crescimento de diversas árvores. Essas áreas de vegetação mais densa podem funcionar como "corredores" para certos animais.

info +

E POR BAIXO DA ÁGUA?

Os cientistas estão preocupados com a acidez crescente dos oceanos, causada pelo aumento do gás carbônico na atmosfera. Essa acidez ameaça em primeiro lugar os corais, os crustáceos e os moluscos... E assim, toda a cadeia alimentar marinha corre perigo.

Chuva ácida

Você já mordeu uma fatia de limão? É azeda porque o limão é uma fruta ácida.

Os raios, os incêndios florestais e as erupções vulcânicas podem carregar de acidez as chuvas. Mas as chuvas ácidas são uma consequência, sobretudo, das emissões de dióxido de carbono (CO_2) e, portanto, do consumo das energias FÓSSEIS (petróleo, carvão, gás) por usinas, meios de transporte e aquecedores domésticos. As chuvas ácidas devastam florestas envenenando o solo onde as árvores mergulham as suas raízes, estragam a pedra frágil de prédios e monumentos antigos e também podem provocar doenças nos seres humanos e nos animais

Cidade

Há cerca de um século, de cada grupo de 10 pessoas, uma morava na cidade. Hoje essa proporção é de uma pessoa para cada duas. Mais de 3 bilhões de indivíduos são citadinos! Mas as cidades nem sempre estão adaptadas para abrigar tanta gente. Tanto nos países pobres quanto nos ricos vem aumentando o número de automóveis, os engarrafamentos e a poluição. A moradia é cara e muitas pessoas precisam viver cada vez mais longe do centro da cidade para encontrar uma casa ou um apartamento que lhes convenha.

Das 30 aglomerações de mais de 10 milhões de habitantes, 20 estão situadas nos países em vias de desenvolvimento. São Paulo (no Brasil), Lagos (na Nigéria) ou Bangkok (na Tailândia), por exemplo, cresceram muito rapidamente e enfrentam problemas mais graves do que as cidades dos países ricos: a poluição, a falta de transportes coletivos e de moradia, a pobreza de certos bairros; tudo isso dificulta demais a vida. Às vezes as pessoas são obrigadas a viver em casas construídas às pressas e com sucata. São as chamadas favelas.

Arquitetos imaginaram diferentes maneiras de resolver o problema da carência habitacional nas cidades. Por muito tempo foram sendo construídas torres habitacionais cada vez mais altas. Em certas aglomerações (Hong Kong, Dubai), onde o espaço disponível é raro, as cidades também são construídas em terrenos que avançam pelo mar. Assim, cidades foram ampliadas com a criação de novos bairros, novos subúrbios. A aglomeração aumentada dessa maneira pode se transformar em megalópole.

Nem sempre é fácil construir tantas moradias sem desrespeitar o meio ambiente! Por sorte, certas cidades tentam dar o exemplo com interessantes experiências ecológicas. Em Londres (Grã-Bretanha), Friburgo (Alemanha) ou Malmö (Suécia), entre outras, encontramos bairros-modelo onde os transportes não são poluentes, as energias são renováveis e as casas têm isolamento perfeito.

Taipei 101, em Taiwan, é uma das torres mais altas do mundo (508 metros de altura e 101 andares).

Cidade

 **info +**

ELES FAZEM CÓCEGAS NO CÉU!

O primeiro arranha-céu nasceu nos Estados Unidos, em Chicago, em 1884. Tinha... 10 andares! Continua de pé, mas parece mínimo ao lado dos prédios construídos depois. Um dos arranha-céus mais célebres, o Empire State Building, levou um ano sendo construído e ficou pronto em 1931. Situado em Nova York, mede 448 metros, distribuídos em 102 andares. É esse prédio que o famoso King Kong escala depois das suas aventuras...

AS MAIORES AGLOMERAÇÕES

Atualmente existem na Terra cerca de 30 aglomerações com mais de 10 bilhões de habitantes.

- Mais de 20 milhões
- Entre 15 e 20 milhões
- Entre 10 e 15 milhões

Clima

OS PRINCIPAIS CLIMAS DA TERRA

– **clima temperado**, com temperaturas moderadas e duas estações bem diferenciadas, verão e inverno. Existem vários tipos de climas temperados (oceânico, continental e mediterrâneo);
– **clima polar**, com temperaturas muito frias, um verão curto e frio, neve e gelo (no Polo Norte e no Polo Sul);
– **climas tropicais**, com temperaturas elevadas durante todo o ano e precipitações mais ou menos intensas conforme as zonas (clima equatorial, tropical ou tropical seco árido).

O clima é o tempo que faz em um país ou em uma região: temperaturas, precipitações (de chuva e de neve), exposição ao sol, grau de umidade, velocidade do vento. Pode ser temperado, polar ou tropical (leia o quadro INFO +). Segundo os especialistas, o clima da Terra passa por longos períodos (CICLOS) durante os quais as temperaturas variam alguns graus. E essas variações modificam as paisagens e as condições de vida na Terra. Por exemplo, há 20.000 anos, no norte da Europa as temperaturas eram 5°C inferiores às atuais. No solo gelado nada crescia e era possível atravessar da França para a Inglaterra sem molhar os pés!

Há alguns anos o calor vem aumentando aqui na Terra. Os cientistas calculam que daqui a 100 anos o nosso planeta estará entre 1,5 e 6°C mais quente. Esse aquecimento global está ligado essencialmente às atividades humanas (indústrias, transportes, agricultura...) e às emissões de gases de efeito estufa provocadas por essas atividades. Resultado: ondas de calor mais frequentes e elevação do nível dos mares e oceanos, provocando inundações de terras baixas habitadas, como em Bangladesh. Em 1997 em Quioto, e em 2009 em Copenhague, os países do mundo inteiro tentaram assinar um acordo para limitar o aquecimento climático, perigoso para a vida na face da Terra.

→ **VER TAMBÉM:** Ar; Catástrofe natural; Camada de ozônio; Efeito estufa; Elevação do nível do mar.

Em certos países da África, de clima desértico, a seca vem se agravando devido ao aquecimento climático.

O que você pode fazer para reduzir o aquecimento da Terra?

Se a sua escola fica perto da sua casa, é melhor ir a pé ou de bicicleta em vez de ir de carro. Se você tem um jardim, plante árvores, que absorverão dióxido de carbono.

Clonagem

A clonagem é uma técnica científica que permite reproduzir um ser vivo a partir de algumas das suas células. Mas essa técnica traz muitos problemas. Em primeiro lugar, não se conhecem bem os riscos da clonagem, por exemplo, sobre a saúde do clone. Depois, o assunto envolve sérias questões morais: será que alguém tem o direito de criar novos tipos de seres humanos? Em caso afirmativo, com que finalidade?

Por enquanto, a clonagem humana é proibida na maioria dos países do mundo. Certos países autorizam apenas a clonagem terapêutica, que permite substituir um órgão doente por um órgão sadio. Daqui a 50 ou 100 anos talvez possamos dispor de um banco de órgãos que nos permita substituir um fígado doente, por exemplo, por um fígado "totalmente novo", criado em laboratório a partir de células sadias.

VOCÊ SABIA?

Até hoje ninguém conseguiu clonar um ser humano, só animais. Qual foi o primeiro animal clonado?
A. Uma ovelha
B. Um macaco
C. Um porco

Resposta: A

Comércio equitativo

Comércio equitativo é uma forma de comércio entre os países pobres e os países ricos segundo condições regulamentadas: por exemplo, comprar frutas um pouco mais caras dos produtores dos países pobres para que eles possam trabalhar e cultivar em boas condições. Por sua vez, os produtores devem respeitar certas regras: não permitir o trabalho infantil, poluir o mínimo possível, levar em conta a proteção do meio ambiente etc.

O comércio equitativo, ou comércio justo, também permite que os produtores sejam corretamente remunerados. O objetivo dessa medida é reduzir as desigualdades entre países pobres e países ricos.

Os produtos do comércio equitativo (café, cacau, chá, arroz, açúcar, algodão...) provêm de países do Hemisfério Sul e são consumidos nos países mais ricos (da Europa e nos Estados Unidos, por exemplo).

Plantação de café em uma cooperativa na África.

Compostagem

A compostagem é um fertilizante natural proveniente da decomposição de dejetos orgânicos. É muito fácil produzi-la: basta ir acumulando os dejetos do jardim (folhas, ervas...) e misturá-los com os da casa (restos de frutas e legumes...) em um recipiente de madeira com aberturas. Ao entrarem em contato com o ar, a água, o sol, insetos e bactérias, esses dejetos irão se decompor. Depois de 4 a 8 meses, pode-se colocar essa compostagem nos canteiros do pomar, ao pé das árvores e das flores do jardim, para estimular o seu desenvolvimento. Além de ser ecológico, o composto permite reciclar os dejetos e, assim, reduzi-los.

→ **VER TAMBÉM:** Dejetos; Reciclagem; Triagem seletiva.

Todos nós podemos facilmente produzir compostos!

Dejetos

Dejetos são objetos ou matérias que não servem mais: lixo doméstico, embalagens, garrafas, objetos quebrados... A isso se somam também as enormes carcaças de eletrodomésticos (geladeira, máquina de lavar...).

Nas últimas décadas, a produção de dejetos vem aumentando sem cessar. No Brasil, uma família de quatro pessoas produz cerca de quatro quilos de lixo por dia. Alguns dejetos são reciclados e servirão para fabricar novos objetos.

Infelizmente, o uso de aterros sanitários ou lixões ainda ocorre no Brasil. Esta é uma prática antiecológica, porque certos dejetos não são biodegradáveis, a não ser a longo prazo (por exemplo, o vidro ou o plástico), poluindo o meio ambiente e os lençóis freáticos.

Os dejetos radioativos produzidos pelas centrais nucleares, perigosos para o meio ambiente, são estocados em lugares especiais, pois não se sabe como destruí-los.

→ **VER TAMBÉM:** Biodegradável; Compostagem; Dejetos nucleares; Reciclagem; Triagem seletiva.

Veja o que você pode fazer em casa com os seus pais para reduzir os dejetos domésticos:
- Utilizar panos e esponjas em vez de toalhinhas descartáveis;
- Escolher produtos com embalagens reduzidas;
- Utilizar cestas para fazer compras em vez de sacos plásticos.

Dejetos nucleares

Todas as 450 centrais nucleares espalhadas pelo mundo produzem dejetos. Alguns são radioativos e representam, durante milhões de anos, sérios riscos à saúde dos seres vivos. Podem, por exemplo, causar doenças graves. Portanto, é absolutamente essencial refletir muito sobre o que se deve fazer com eles!

Primeira etapa: reduzir o volume. Para isso são feitos pequenos pacotes de dejetos que são mais fáceis de "armazenar". Segunda etapa: estocá-los em lugar seguro para limitar o risco de contaminação dos seres vivos.

Uma das soluções adotadas atualmente é enterrar os dejetos nucleares. Quanto mais perigosos, mais fundo devem ser enterrados.

Problema: ninguém é realmente capaz de dizer se os diferentes modos de estocagem são completamente seguros, nem por quanto tempo podem durar. Portanto, arriscamos deixar para as gerações futuras uma herança "escaldante"!

O acidente com césio 137 em Goiânia, estado de Goiás, o maior desastre nuclear brasileiro, aconteceu em 1987 e é um exemplo dos riscos dos dejetos nucleares. Um aparelho utilizado em radioterapia (tratamento com radiação feito em hospitais) foi abandonado em um ferro-velho e o recipiente onde estava acondicionado o material radioativo (o césio 137) foi violado, contaminando mais de 120 pessoas, causando quatro mortes imediatas e possivelmente mais 60 ao longo dos últimos 20 anos. O acidente atingiu grau 5 na escala internacional de acidentes nucleares e foi o maior do mundo entre os ocorridos fora de usinas.

→ **VER TAMBÉM:** Catástrofe nuclear; Central nuclear; Radioatividade.

DEJETOS NO ESPAÇO?

Alguns cientistas têm estudado a possibilidade de enviar os dejetos nucleares para o espaço, mas até agora ninguém adotou essa solução, muito cara e arriscada. Na verdade, não estaríamos livres de um foguete explodir e deixar cair novamente os dejetos radioativos sobre o nosso planeta.

Desenvolvimento sustentável

Desenvolvimento sustentável

Durante muito tempo, tempo de mais – e infelizmente até hoje – os habitantes da Terra têm procurado produzir e consumir cada vez mais, sem se preocupar com as consequências para o planeta e para os futuros habitantes. Desperdiçávamos e poluíamos, ainda desperdiçamos e poluímos, sem pensar no futuro e nas condições que os nossos filhos herdarão. Paulatinamente, há 30 ou 40 anos, vem surgindo a ideia de "desenvolvimento sustentável". Essa ideia foi definida em 1987, no Relatório Brundtland (nome do Primeiro-ministro da Noruega, à época): desenvolvimento sustentável é "o que satisfaz as necessidades das gerações atuais sem comprometer a capacidade com que as gerações futuras satisfarão as suas". Temos o direito de utilizar os recursos da Terra, mas temos o dever de preservá-los para que as gerações futuras também possam usufruí-los.

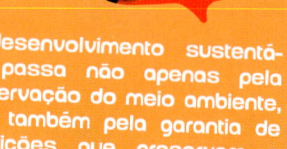

O desenvolvimento sustentável passa não apenas pela preservação do meio ambiente, mas também pela garantia de condições que preservem e melhorem a qualidade de vida das pessoas.

→ **VER TAMBÉM:** Ecoatitude/Ecoconsumidor; Ecoturismo; Economia de energia.

Desertificação

A desertificação ameaça numerosas regiões da África.

É a transformação de uma região em deserto. O fenômeno atinge um terço da superfície do planeta, colocando em risco cerca de um bilhão de pessoas. Portanto, a desertificação pode provocar a migração de mais de 200 milhões de pessoas até 2050. Se a mudança climática é parcialmente responsável pela desertificação, esta também se deve ao homem, que destruiu florestas inteiras para se aquecer ou para criar zonas agrícolas. Os países e as regiões mais afetados são o Chile, o sul do Saara, o sul da África, a China, a Austrália...
Mas existem soluções: graças à queniana Wangari Maathai (Prêmio Nobel da Paz em 2004), foram replantadas mais de 30 milhões de árvores. Nas zonas atingidas pelo desmatamento, é preciso também instalar sistemas de irrigação que economizem água.

→ **VER TAMBÉM:** Floresta/Desmatamento.

Dióxido de carbono (CO_2)

O CO_2, também chamado de dióxido de carbono ou gás carbônico, existe naturalmente no ar, mas também é produzido por atividades humanas (principalmente quando se queima petróleo, gás ou carvão). A respiração das plantas e dos animais, além dos vulcões, provocam igualmente emissões de CO_2.

A quantidade de CO_2 no ar aumentou muito depois da Revolução Industrial, no final do século XIX. Esse fenômeno preocupa porque acarreta o aquecimento do planeta, o que poderá ter pesadas consequências (mudanças de clima, inundações, ondas de calor...).

A China já é o maior produtor de CO_2 do mundo, à frente dos Estados Unidos. Mas a produção de CO_2 por habitante, entre os americanos, permanece muito superior à dos chineses.

→ **VER TAMBÉM:** Clima; Efeito estufa; Poços de carbono.

Nas ruas de Amsterdam...

Para reduzir a emissão de gás carbônico na atmosfera, é melhor, por exemplo, usar transportes coletivos em vez do carro próprio.

E se os ônibus forem elétricos, como em certas cidades, melhor ainda! Em Amsterdam, na Holanda, as autoridades reduziram fortemente os espaços reservados aos automóveis, em proveito das bicicletas.

Doença

Com certeza você já adoeceu e compreendeu, quando esteve de cama, que uma doença afeta e perturba o nosso corpo! Mas você sabia que certas doenças estão ligadas aos desequilíbrios do clima e às modificações do nosso meio ambiente?

Segundo a Organização Mundial da Saúde (OMS), o aquecimento do nosso planeta facilitaria, por exemplo, o desenvolvimento da malária, que ataca quase 500 milhões de pessoas no mundo inteiro e causa cerca de dois milhões de mortes anualmente, sobretudo na África. Essa epidemia é transmitida por um parasita presente na saliva de um mosquito. Quanto mais a temperatura na Terra se eleva, menos tempo esse parasita mortífero precisa para se desenvolver. A injustiça é que os países do Hemisfério Norte são os principais responsáveis pelo aquecimento climático, ao passo que os que mais sofrem as graves consequências sobre a saúde são os países do Hemisfério Sul. Outra doença, a dengue, igualmente transmitida por mosquitos, progride de modo espantoso em certas regiões tropicais. O crescimento populacional, a urbanização descontrolada e as catástrofes naturais são a causa disso e, para certos países, essa doença representa um importante custo econômico e humano.

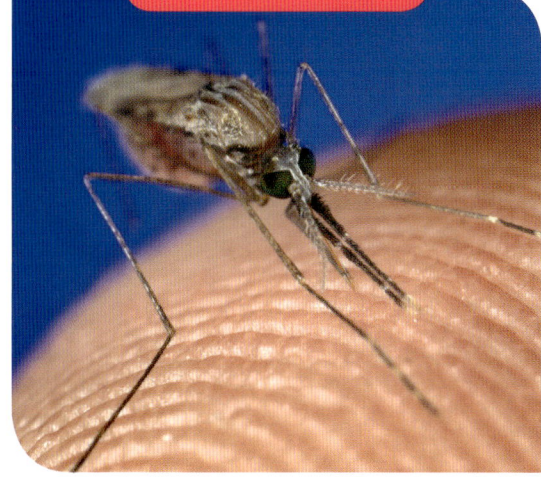
O mosquito propaga um parasita que transmite a malária.

→ **VER TAMBÉM:** População; Cidade.

Ecoatitude/Ecoconsumidor

A ecoatitude é o comportamento ideal que devemos adotar para nos tornarmos bons ecoconsumidores, ou seja, pessoas que prestam atenção ao consumo a fim de preservar o meio ambiente. Em nossas compras diárias é melhor nos habituarmos a certas atitudes úteis: escolher produtos que respeitem o meio ambiente (por exemplo, os produtos biodegradáveis, os produtos verdes que consomem menos energia), comprar preferencialmente frutas e legumes cultivados perto das nossas casas (menos transporte = menos emissão de gases de efeito estufa), adquirir objetos reciclados...

Portanto, é preciso aprender a reconhecer os pequenos símbolos que indicam se um produto é bom para o meio ambiente.

→ **VER TAMBÉM:** Desenvolvimento sustentável; Ecoturismo; Reciclagem; Triagem seletiva.

VOCÊ SABIA?

O que significam os símbolos estampados em certas embalagens?

 • Este símbolo significa que a embalagem é 100% reciclável. Mas não indica o tipo de material utilizado na fabricação da embalagem.

 • Este símbolo, que aparece em garrafas e frascos de vidro, indica que o vidro é um material reciclável.

 • Nem todos os componentes metálicos são necessariamente recicláveis. Este símbolo aparece nas embalagens metálicas que podem ser recicladas.

 • A embalagem que contém este símbolo é de alumínio e, portanto, reciclável.

 • Este símbolo aparece em vários tipos de embalagens, mas é encontrado principalmente nas embalagens metálicas de bebidas. É um convite para o gesto cívico de jogar as embalagens vazias nas latas de lixo e não nas vias públicas.

Tente se lembrar de todas as palavras que comecem pelo prefixo "eco", o mais rápido possível e sem virar as páginas deste dicionário. Pode começar!

Ecologia

No período das eleições ouve-se frequentemente a palavra ecologia, mas antes de ser um movimento político, ecologia é uma ciência. Ela estuda as relações entre os seres vivos e o meio em que vivem. Este termo deu origem às palavras ecologista ou ecólogo (como você?) e vem do grego oikos (casa) e logos (ciência). Portanto ecologia é a ciência que possibilita estudar o lugar onde vivemos (nossa "casa", em sentido amplo). Os ecólogos (especialistas em ecologia científica) estudam ecossistemas!

Se você está lendo este livro é porque considera muito importante conhecer melhor esta ciência para preservar a natureza e o meio ambiente.

→ **VER TAMBÉM:** Desenvolvimento sustentável; Ecoatitude/Ecoconsumidor; Ecossistema.

Economia de energia

A maneira mais simples de preservar o nosso planeta é economizar energia. E todos nós podemos fazer isso!
Na vida cotidiana, você pode facilmente economizar energia:

- não se esqueça de desligar a luz quando não estiver no quarto e propor aos seus pais que substituam as lâmpadas tradicionais por lâmpadas fluorescentes;
- banhos rápidos, para economizar eletricidade ou gás;
- se a distância não for muito grande, vá para a escola a pé e não de carro.

Outras medidas só podem ser adotadas pelos adultos, mas você pode convencê-los a serem menos "devoradores de energia". Eles poderiam, por exemplo:

- utilizar os transportes públicos (elétricos, se possível);
- utilizar serviços de locação de bicicletas ou de carros;
- apagar os painéis publicitários luminosos à noite, quando praticamente ninguém os vê;
- utilizar métodos menos poluentes para aquecimentos nos lugares frios;
- fazer a triagem seletiva e a reciclagem dos dejetos.

Em Paris, o Montmartrobus, totalmente elétrico, é pequeno, silencioso e não emite gases de efeito estufa.

O horário de verão é uma estratégia para diminuir o consumo de energia. Durante o verão os dias são mais longos, então adianta-se o relógio em uma hora para se ter luz natural até mais tarde, assim diminuindo o período em que se necessita de luz artificial. Esta estratégia é adotada em diversas partes do mundo e, no Brasil, representa uma economia de até 5% do consumo.

→ **VER TAMBÉM:** Lâmpada econômica; Energia; Energia renovável; Atitudes em defesa do meio ambiente.

Ecossistema

Qual é o ponto comum entre a Terra, uma floresta, os arbustos que cercam um jardim, um pântano, um charco, uma poça d'água? Todos são ecossistemas, maiores ou menores. Com efeito, esses conjuntos incluem um meio e seres vivos, todos dependentes uns dos outros.

Para compreender melhor, vamos dar um passeio por uma floresta. Encontraremos vegetais, animais, fungos, bactérias... Os animais se alimentam de frutas, folhas, raízes, utilizam certos vegetais como abrigo, por exemplo. Por sua vez, os vegetais, graças às suas raízes, se alimentam dos dejetos dos animais e dos vegetais. Tudo isso cria um equilíbrio frágil e em constante evolução.

Na floresta, evite pisar em uma poça d'água, pois você estaria perturbando um ecossistema!

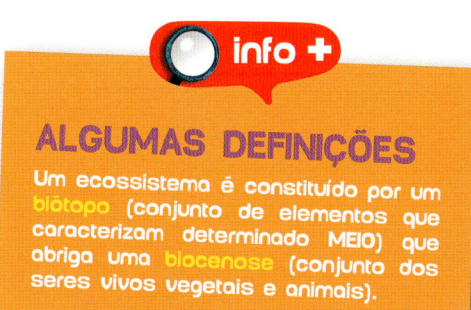

info +

ALGUMAS DEFINIÇÕES

Um ecossistema é constituído por um biótopo (conjunto de elementos que caracterizam determinado MEIO) que abriga uma biocenose (conjunto dos seres vivos vegetais e animais).

Ecoturismo

Ecoturismo

Oxímoro é um termo formado por dois outros, de sentido contraditório. Ecoturismo é um oxímoro: ecologia e turismo, a princípio, nada têm em comum. O turismo – e os turistas – nem sempre respeitam o meio ambiente. Os deslocamentos (de carro, navio e principalmente avião) são agentes altamente poluidores. Os turistas que viajam para muito longe podem levar junto doenças desconhecidas nos países onde vão passar as férias. As construções destinadas a abrigar turistas – balneários e estações de esqui, por exemplo – nem sempre são bem integradas ao meio ambiente. Sem falar nos dejetos que os turistas vão deixando! Por tudo isso foi criado o ecoturismo, a fim de conciliar turismo e meio ambiente. O ecoturismo torna-se, assim, um meio de valorizar a biodiversidade, ao contrário do turismo de massa.

Em países como Quênia, Equador, Nepal, Costa Rica e Madagascar, o ecoturismo vem se desenvolvendo cada vez mais, propondo aos ecoturistas hospedagem em "eco campos", que têm a preocupação de economizar água e eletricidade, para permanecer o mais perto possível da natureza.

→ **VER TAMBÉM:** Ecoatitude/Ecoconsumidor; Ecologia.

Uma ecoturista na Costa Rica

Efeito estufa

É um fenômeno natural que deixa passar o calor do sol para a Terra e não o deixa "escapar" totalmente, como se o nosso planeta estivesse dentro de uma estufa. Esse aquecimento da atmosfera é indispensável para a vida na Terra, caso contrário o frio aqui seria excessivo. Em compensação, o aumento do efeito estufa causado pelas atividades dos homens é perigoso: de fato, grande parte da energia que nós consumimos para nos aquecer e nos deslocar libera DIÓXIDO DE CARBONO (CO_2). Esse gás aumenta o efeito estufa e a Terra se aquece depressa demais, com consequências climáticas dramáticas: inundações, ondas de calor, ciclones...

A única solução: reduzir drasticamente as emissões de gás de efeito estufa. Na prática, o que se pode fazer para emitir menos dióxido de carbono? Por exemplo, pode-se fabricar veículos movidos a eletricidade ou a biocombustíveis, preferir o trem ao avião. Também poderíamos dar preferência à ferrotagem, ou seja, ao transporte de veículos rodoviários carregados sobre vagões. Os industriais que não reduzissem as emissões do gás do efeito estufa poderiam "se redimir" plantando árvores que absorvem o CO_2. Também precisamos aprender a construir e a nos deslocar tendo a preocupação de economizar energia e poluir menos.

→ **VER TAMBÉM:** Clima; Dióxido de carbono; Economia de energia; Energia; Energia renovável; Atitudes em defesa do meio ambiente; Grenelle: mesas-redondas sobre meio ambiente; Casa ecológica; Poluição; Protocolo de Quioto.

Caminhões que andam de trem: isso é FERROTAGEM.

VOCÊ SABIA?

Em um voo de ida e volta Paris/Nova York (12.000 km), cada passageiro "consome" entre 700 e 1.000 litros de combustível. Esse consumo corresponde:

A. ao de uma motocicleta durante um mês
B. ao de uma bicicleta durante um ano
C. ao de um carro médio durante um ano

Resposta: C

Eletricidade

Percorra toda a sua casa e verifique quantos aparelhos ligados a tomadas elétricas você encontra.

Calcula-se que a eletricidade utilizada durante um dia em uma casa de porte médio corresponda à força de trabalho de 30 pessoas!

Eletricidade

Foi observando um raio que os homens descobriram o poder da eletricidade. Mas só nos séculos XVIII e XIX sábios (como Benjamin Franklin, Alessandro Volta, André-Marie Ampère, Michael Faraday, Thomas Edison...) conseguiram domesticá-la, aprisioná-la. Faz apenas 100 anos que a "fada eletricidade" apareceu nas casas dos países ricos.

Hoje em dia, os aparelhos elétricos nos cercam por toda parte, e nós seríamos incapazes de dispensá-los: geladeira, forno micro-ondas, mp3, computador, impressora, televisão, furadeira, aspirador, trem bala... Todos esses aparelhos utilizam energia elétrica para funcionar.

Chama-se eletricidade verde a eletricidade produzida a partir de fontes renováveis de energia.

→ **VER TAMBÉM:** Lâmpada econômica; Central nuclear; Energia; Energia renovável.

Elevação do nível do mar

Daqui a uns 100 anos, o nível dos oceanos deverá se elevar mais de um metro: é o que se chama de elevação do nível do mar. Como explicar esse fenômeno?

Com certeza você já ouviu falar em geleiras, grandes extensões de gelo natural que não são encontradas no mar, como a banquisa, mas no topo de certas montanhas ou sobre as calotas polares (como a Antártida e a Groenlândia). São grandes reservatórios de gelo cujo derretimento provoca fatalmente a elevação do nível do mar.

Existe uma segunda explicação: devido ao aquecimento global, a temperatura do mar se eleva. E quanto mais quente a água, maior espaço ocupa. Isso se chama "dilatação térmica".

A situação é dramática para certas regiões planas, situadas no nível do mar, como Bangladesh, frequentemente inundada, ou a Holanda, que corre esse risco no futuro.

info +

BOLHAS DE ÁGUAS SALGADAS

Em Funafuti, um conjunto de ilhas do arquipélago de Tuvalu, no Oceano Pacífico, a água do mar invade o solo sob a forma de bolhas. Rapidamente surgem poças de água salgada. O problema é que essa água salgada destrói os solos, que não conseguem mais suportar o peso das árvores. Parte das ilhas Funafuti corre o risco de desaparecer com a elevação do nível do mar.

→ **VER TAMBÉM:** Clima.

Regiões do mundo ameaçadas pela elevação do nível do mar.

Na Holanda eu vi casas flutuantes.

Essas surpreendentes habitações sobre pilares podem subir e descer, conforme o nível da água.

Energia

A energia é uma força que fornece um "trabalho", produz movimento, cria calor.

Com certeza você sabe que há várias fontes de energia na natureza:
- as energias fósseis: carvão, petróleo, gás natural, presentes na Terra em quantidade limitada e não renovável;
- as energias renováveis: o vento, o Sol, o calor da Terra, fontes inesgotáveis de energia. A água também, em menor proporção (ver o verbete ÁGUA).

Sejam fósseis ou renováveis, essas fontes de energia precisam ser transformadas para podermos utilizá-las. Essa transformação significa passar de uma ENERGIA PRIMÁRIA para uma ENERGIA FINAL. Por exemplo, o carvão precisa ser queimado para produzir calor.

Os recursos energéticos estão mal distribuídos no planeta: certos países possuem enormes estoques de energias fósseis, enquanto outros contam apenas com o Sol ou o vento. As desigualdades também são muito acentuadas em termos de consumo: quanto mais rico o indivíduo, mais "energívoro", ou seja, devorador de energia.

O problema é que o crescimento da população mundial acarreta um evidente aumento das necessidades energéticas. Hoje há mais de 1 bilhão e 170 milhões de veículos no mundo. Mesmo que os veículos do futuro venham a precisar de menos energia do que os atuais, o consumo global fatalmente aumentará. Sem contar que na vida cotidiana nós também utilizamos cada vez mais aparelhos elétricos!

Será que as fontes de energia continuarão a existir? As mais exploradas ameaçam se esgotar: não são renováveis. Por exemplo, talvez só haja petróleo para menos de 50 anos. As reservas de carvão são maiores, mas o carvão polui demais e a sua queima emite muito gás de efeito estufa. A energia nuclear produzida nas centrais não emite esse gás, porém produz dejetos radioativos muito perigosos, que ainda não se sabe como eliminar. Portanto, é preciso apelar para fontes de energia menos poluentes, como as energias renováveis.

→ **VER TAMBÉM :** Dejetos nucleares; Energia renovável; Casa ecológica.

É preciso uma quantidade considerável de energia para fazer decolar o foguete Ariane!

OBRIGADO, SR. JOULE!

Com certeza você já sabe que as distâncias se medem em metros e os volumes em litros. Mas com que unidade se mede a energia? É com o joule. A origem dessa palavra é o nome de um médico inglês, James Prescott Joule (1818-1899).
Para você ter uma ideia, um joule corresponde à energia necessária para se elevar uma maçã de uns 100 gramas à altura de um metro.
A energia fornecida pelos alimentos também costuma ser expressa em calorias.

Energia renovável

Energia renovável

As energias renováveis provêm de fontes de energia que jamais desaparecerão: o vento e o Sol, principalmente, são inesgotáveis. Além disso, elas são muito menos poluentes do que o carvão, o petróleo ou o gás porque não emitem gás de efeito estufa. Mas essas energias também apresentam problemas:

- a energia solar é produzida por painéis solares que ocupam muito espaço e a sua instalação ainda é muito cara.
- a energia eólica, a do vento, é transformada em eletricidade. Mas quando o vento para de soprar, a produção cessa! Portanto, é preciso associar a energia eólica a centrais, que utilizam energias não renováveis. Alguns vizinhos também se queixam do barulho desses moinhos gigantescos.
- a energia hidráulica, fornecida pelas quedas d'água ou pelos rios, já vem sendo utilizada sempre que possível. Mas a construção de grandes barragens, como a de Três Gargantas, na China, provoca sérias consequências sobre o meio ambiente.
- a COMBUSTÃO DA BIOMASSA (energia tirada dos vegetais) ainda não é muito eficaz e libera CO_2.
- a energia geotérmica transforma o calor do solo em energia. Na Islândia, graças aos gêiseres (fontes de água quente), ela fornece aquecimento a quase 90% da população. Mas infelizmente não existem fontes quentes por toda parte e em geral a recuperação do calor da Terra sai muito cara em comparação com a pequena quantidade de energia gerada.

O Brasil apresenta enorme potencial hidrelétrico, principalmente na região Norte, onde fica a Bacia Amazônica, maior bacia hidrográfica do mundo. Porém a construção de usinas hidrelétricas exige a inundação de extensas áreas e gera intensa discussão quanto à sua oportunidade e localização.

→ **VER TAMBÉM:** Energia; Economia de energia.

VOCÊ SABIA?

O Sol tem 5 bilhões de anos, mas quanto tempo de vida lhe resta?

A. Cerca de um bilhão de anos.
B. Cerca de 5 bilhões de anos.
C. Cerca de 10 bilhões de anos.

Resposta : B

Impressionantes turbinas eólicas! Algumas medem 120 metros de altura e cada pá tem 50 metros de comprimento.

Espécies ameaçadas de extinção

Ao modificar as condições de vida dos animais e das plantas, ao aquecer a atmosfera, o homem desequilibra a natureza. Então, certas espécies se adaptam às mudanças, ao passo que outras desaparecem. Quase um milhão de espécies vivas talvez desapareçam nos próximos 50 anos. É o caso, por exemplo, de um terço das rãs existentes no mundo, vítimas de uma doença causada por um fungo, em decorrência da elevação das temperaturas.

Outras espécies se deslocam em busca de melhores condições de vida: a cegonha branca já prefere hibernar na Espanha ou no sul da França, em vez da África, onde o calor se tornou excessivo. No Alasca, certas árvores, como os olmos e os salgueiros, "sobem" para o Norte, fugindo do aquecimento.

O urso polar, grande caçador de focas nas banquisas, vê o seu território gelado encolher a cada ano. Como consequência, encontra menos alimento e às vezes vai hibernar sem ter saciado a fome.

→ VER TAMBÉM: WWF.

VOCÊ SABIA?

Como o esquilo vermelho do Canadá se adaptou para enfrentar o aquecimento?

A. A fêmea dá à luz os seus rebentos mais cedo do que há alguns anos, a fim de aproveitar melhor a primavera antecipada.

B. A sua pelagem ficou mais rala, para compensar os efeitos do aquecimento.

C. Ele aprendeu a se servir das orelhas como leque.

Resposta: A

Segundo a União Internacional para a Natureza, o mico-leão é uma espécie criticamente ameaçada de extinção.

Fertilizante

As plantas precisam de alimento para se desenvolver. E para crescerem melhor e mais depressa, às vezes lhes aplicamos fertilizantes, elementos nutritivos que servem para melhorar o seu crescimento e a sua qualidade. Uma espécie de vitaminas! Os fertilizantes são utilizados há milhares de anos. Antigamente eram totalmente naturais (para nutrir as suas terras os agricultores utilizavam cinzas, ossos, excrementos de animais), porém hoje em dia são frequentes os fertilizantes químicos.

Para nutrir uma população mundial sempre crescente, os fertilizantes químicos vêm sendo cada vez mais utilizados. E assim surgem alguns problemas: às vezes essas substâncias químicas poluem os cursos d'água e os lençóis freáticos. Acontece também de esgotarem a terra, em vez de a nutrirem, contrariando assim os princípios do desenvolvimento sustentável.

A solução para a agricultura respeitar mais o meio ambiente é dar preferência aos fertilizantes bio, como aqueles que os nossos antepassados utilizavam!

→ **VER TAMBÉM:** Compostagem; Desenvolvimento sustentável; Pesticida.

UM FERTILIZANTE NATURAL

Do que é composto o estrume, utilizado há séculos? Na verdade, o estrume é um fertilizante natural composto de palha e excrementos de animais, muito rico em nitrogênio, elemento essencial ao crescimento das plantas.

Floresta amazônica

A floresta amazônica é a maior floresta tropical do planeta e recobre áreas de diversos países da América do Sul, sendo que a maior parte se encontra em território brasileiro. A floresta abriga uma das maiores biodiversidades da Terra, com inúmeras espécies de plantas e animais catalogadas e grande número ainda a ser descoberto. Apesar de muitas vezes ser chamada de "pulmão do planeta", isto não é verdade. Mas a importância da floresta vem exatamente dessa enorme biodiversidade, pois cada espécie que desaparece é um pouco da história da própria vida que some. A diversidade de espécies nessa área é tão grande que em poucos hectares podemos encontrar mais espécies do que em toda a Europa. A maior parte da fauna é arborícola, ficando nos estratos superiores da vegetação, de onde tiram o seu sustento. Uma das maiores curiosidades sobre essa floresta é que, apesar da exuberante vegetação, os solos são muito pobres! As plantas retiram os nutrientes necessários para a sua vida a partir das próprias folhas que caem e se decompõem. A maior ameaça para a sua preservação é o desmatamento tanto pela indústria madeireira quanto para a introdução de áreas agrícolas.

Floresta/Desmatamento

Costuma-se dizer que as florestas são os pulmões do nosso planeta, porque nos permitem respirar. Como? Transformando o dióxido de carbono, presente na atmosfera, em oxigênio, indispensável à nossa vida. Essa transformação é chamada de fotossíntese. No entanto, isso só vale para as florestas jovens: depois de "adultas", as árvores não crescem mais e eliminam todo o dióxido de carbono que absorvem.

Atualmente, na África, na América Latina e no Sudeste Asiático, grandes extensões de florestas equatoriais e tropicais estão desaparecendo, ora devido à exploração da madeira, ora sendo transformadas em áreas de cultivo. Isso é desmatamento: as consequências podem ser catastróficas, pois quanto menos as florestas crescerem, menor a absorção de gás de efeito estufa. Calcula-se que anualmente desaparece 1% das florestas tropicais. Nesse ritmo, daqui a 100 anos elas terão sumido totalmente! A destruição dessas florestas também resulta no desaparecimento de espécies animais e vegetais que ali vivem.

→ **VER TAMBÉM:** Desertificação; Dióxido de carbono; Poços de carbono.

VOCÊ SABIA?

Situe cada animal na floresta onde ele vive.

A. O ocapi
B. O orangotango
C. A preguiça

1. Floresta da Indonésia (Ásia)
2. Floresta Amazônica (América do Sul)
3. Floresta do Congo (África)

Resposta: A3, B1, C2

As florestas absorvem parte dos gases de efeito estufa.

Globalização

Globalização

Palavra engraçada que, no entanto, nós utilizamos com muita frequência. Literalmente, significaria a fabricação do globo, do mundo... Mas o mundo já existe! Portanto, a globalização é também o conjunto dos processos e fenômenos que fazem do nosso planeta uma "aldeia": as trocas – de seres humanos, ideias, mercadorias, dinheiro. O aumento e a aceleração dessas trocas (graças às novas tecnologias) tornam os habitantes da Terra cada vez mais ligados, cada vez mais interdependentes.

Greenpeace

O vínculo entre paz e ecologia não é óbvio? É claro! Em 2007, Al Gore, um político americano, e o GIEC (Grupo Intergovernamental de Especialistas em Clima) obtiveram o Prêmio Nobel da Paz. Al Gore porque deu origem ao filme *Uma verdade inconveniente*, dedicado ao aquecimento global, e o GIEC por ter demonstrado que as atividades humanas também são responsáveis pelas mudanças climáticas.

Estas últimas trazem sérias ameaças à paz mundial porque podem transtornar a agricultura e as condições de vida de inúmeras regiões, além de provocar a submersão de certas ilhas e zonas litorâneas. Esses desdobramentos poderiam suscitar guerras e milhões de refugiados climáticos.

Desde 1971, a organização não governamental Greenpeace ("paz verde" – em inglês) defende o meio ambiente e a paz mundial, muitas vezes de modo espetaculoso. O Greenpeace exige o desarmamento e denuncia os perigos nucleares e dos OGM.

O Greenpeace incomoda: em 1987, agentes secretos franceses afundaram o Rainbow Warrior, navio do Greenpeace que tentava impedir testes nucleares franceses em Mururoa, uma pequena ilha no Pacífico.

info +

O ARCO-ÍRIS, SÍMBOLO DA PAZ, DECORA O CASCO DOS NAVIOS DO GREENPEACE.

Grenelle: mesas-redondas sobre o meio ambiente

As Mesas Redondas de Grenelle foram uma série de encontros organizados em 2007 pelo governo francês, com o objetivo de reunir representantes políticos, empresários e associações de defesa da natureza e do meio ambiente. Vários grupos de trabalho estudaram meios de preservar os recursos naturais e a biodiversidade, evitar as mudanças climáticas e promover o desenvolvimento sustentável. As discussões se concentraram basicamente em habitação, transportes, energia, saúde, agricultura. Os resultados dessas reuniões devem ser, pouco a pouco, transformados em leis para melhor proteger o meio ambiente.

A Conferência das Nações Unidas para o Meio Ambiente e o Desenvolvimento, ou Rio-92, ou mesmo Eco-92, foi uma reunião organizada pela ONU com o objetivo de discutir as mudanças ambientais associadas à ação do homem sobre a natureza. A reunião foi importante para debater o meio ambiente, começar a discutir as mudanças climáticas e definir o que significa desenvolvimento sustentável. Dela se originaram importantes documentos como a Agenda 21, a Convenção sobre Biodiversidade e a Carta da Terra.

→ **VER TAMBÉM:** Biodiversidade; Clima; Desenvolvimento sustentável; Protocolo de Quioto.

Irrigação

As plantas nem sempre conseguem facilmente a água de que precisam para crescer. Talvez os seus pais tenham tido a experiência de regar as plantas que decoram as suas sacadas ou os seus jardins.

Ao regar eles praticam a irrigação: levam artificialmente água para as plantas a fim de garantir o seu crescimento.

Para saciar a sede das plantas, os homens lançam mão de várias técnicas: às vezes constroem canais, aspergem as plantas com muita água ou, ao contrário, adotam a técnica do gota a gota, considerada a mais eficaz, pois leva o líquido precioso até as raízes.

Hoje as terras irrigadas são as mais importantes do nosso planeta e fornecem quase um terço dos recursos alimentares mundiais. Mas, por um lado, certos países pobres estão longe de ter acesso a técnicas eficientes de irrigação e, por outro, em certas regiões, a irrigação mal controlada pode causar a escassez de água.

→ **VER TAMBÉM:** Agricultura; Água.

Você sabe por que o mar de Aral (na Ásia Central) quase ficou sem água nos últimos 50 anos?

Os dois rios que o alimentavam foram desviados para regarem imensos campos de algodão. Um exemplo dramático de irrigação mal feita!

Preparo de canais de irrigação na Índia.

Lâmpada econômica

Lâmpadas econômicas ou fluorescentes, lâmpadas especiais que consomem pouca eletricidade, são uma solução para substituir as tradicionais.

Duráveis e econômicas, elas iluminam mais do que as lâmpadas incandescentes. Custam mais caro do que as lâmpadas tradicionais, porém duram de 5 a 6 anos, enquanto as fontes incandescentes duram seis meses. No entanto, essas lâmpadas constituem um dejeto perigoso no plano ecológico, porque o seu tubo contém poeira fluorescente e vapor de mercúrio. Por isso a sua eliminação exige uma triagem cuidadosa.

→ **VER TAMBÉM:** Economia de energia; Eletricidade.

Uma cidade iluminada, à noite

Lençol freático

Será que você já leu *Viagem ao centro da Terra*, de Júlio Verne? Os heróis desse romance de aventuras penetram as entranhas da Terra, quilômetros abaixo da superfície. Durante a viagem, descobrem imensas cavernas e no interior de uma delas um verdadeiro oceano submarino, povoado de monstros... Júlio Verne nunca explorou as entranhas do nosso planeta, mas a sua intuição estava parcialmente correta: o subsolo da Terra esconde grande quantidade de água, doce e salgada.

A alguns metros ou a algumas centenas de metros abaixo da superfície, parte dessas águas subterrâneas forma enormes reservas de onde os homens aprenderam a extrair água para beber e irrigar suas plantações: são os lençóis freáticos.

Os preciosos lençóis freáticos estão ameaçados: alimentados pelas chuvas, também absorvem todos os poluentes e produtos tóxicos, sobretudo os utilizados na agricultura.

O lençol freático de diversos dos principais rios do Cerrado brasileiro, a região onde mais se planta no Brasil, está sendo contaminado por poluentes oriundos da atividade agrícola.

→ **VER TAMBÉM:** Água.

O termo "freático" se origina do grego *phrear*, que significa "poço".

Desde o período neolítico (entre 9000 e 3000 a.C.) os homens extraem água do solo para escapar das secas.

Litoral

Os litorais são as zonas terrestres em contato e sob a influência de mares ou oceanos. A palavra litoral, portanto, é próxima das palavras costa e orla. Entre terra e mar, os litorais adquirem múltiplas formas: baías, enseadas, cabos, angras, entradas, lagoas, pântanos, mangues, terraços, falésias.

Certos litorais são pouco povoados, em geral os pântanos onde podem se desenvolver mosquitos que espalham a malária (terrível doença que atinge quase 500 milhões de pessoas no mundo e mata mais de dois milhões anualmente). Outros, ao contrário, são muito povoados porque favorecem a pesca e o comércio.

Atualmente os litorais estão ameaçados. A urbanização e a superpopulação provocam grave poluição (esgoto, lixo e águas servidas lançados ao mar, marés negras...). Por sua vez, o aquecimento global ameaça causar a elevação do nível das águas e a submersão de inúmeras zonas litorâneas.

No Brasil, onde mais de 70% da população vive a menos de 200 km do litoral, é fundamental se pensar na melhor maneira de ocupar e utilizar os recursos naturais dessas áreas.

→ **VER TAMBÉM:** Elevação do nível do mar.

Maré negra

Sempre que naufraga algum navio transportando petróleo, o carregamento se perde em pleno oceano. Os milhares de toneladas de petróleo se espalham e formam as chamadas "marés negras" que podem chegar ao litoral, empurradas pelo vento e pelas marés. Às vezes, certos navios esvaziam os seus tanques em alto mar para limpá-los. Esses lençóis de petróleo poluem o mar e as margens, destruindo a fauna e a flora. Para evitar esse tipo de acidente, as primeiras soluções já foram encontradas: casco duplo nos navios, multiplicação dos controles no mar e nos portos... mas isso nem sempre é suficiente.

Maré negra após o naufrágio do navio Erica, em dezembro de 1999, ao largo do litoral da Bretanha.

info +

MARÉ NEGRA NO ALASCA

Em 1989, o petroleiro Exxon Valdez naufragou no Alasca, no extremo norte da América, derramando mais de 40.000 toneladas de petróleo bruto que cobriram mais de 7.000 km², poluindo mais de 1.000 km de litoral e matando milhares de pássaros e mamíferos marinhos.

→ **VER TAMBÉM:** Petróleo.

Mata Atlântica

Mata Atlântica

Denominamos Mata Atlântica toda a área de floresta tropical que se distribui ao longo do litoral brasileiro, desde o Rio Grande do Norte até Santa Catarina. Esse ecossistema é um dos mais afetados e transformados pelo homem no Brasil, desde a época em que o país era colônia de Portugal, pois a maior parte das grandes cidades (como Rio de Janeiro e São Paulo) se desenvolveu em áreas de Mata Atlântica. Hoje em dia restam apenas 7% da vegetação original. Também podemos incluir na Mata Atlântica certos ecossistemas, como mangues e restingas. O mangue surge a partir do encontro de um rio com a água do mar e a sua vegetação é muito característica. A restinga é um tipo de vegetação que se desenvolve em áreas de praia. As restingas, e em especial os mangues, estão muito ameaçados tanto pelo crescimento das cidades quanto pela aquicultura.

Mata de araucária

A Mata de Araucária é uma floresta localizada na região Sul do Brasil, nos estados do Paraná, Rio Grande do Sul e Santa Catarina. Recebe esse nome porque a espécie dominante na paisagem é a araucária, adaptada ao clima mais frio e seco, típico do sul brasileiro. Esse ecossistema tem sido ameaçado pelas atividades agropecuária e extrativista.

Megalópole

Você sabe o que é um "megalômano"? É alguém que vê todas as coisas em exagero e que tem "delírio de grandeza". "Pólis" em grego antigo significa cidade e, portanto, você pode deduzir que megalópole é uma cidade gigantesca. Para ser mais preciso, é um espaço composto de várias cidades grandes e tão extensas que acabam se juntando. Exemplos? O conjunto formado pelas cidades americanas Washington, Nova York, Boston, Filadélfia e Baltimore constitui uma das maiores megalópoles do mundo. Às vezes recebe o apelido de boswash (BOSton/WASHington). As cidades japonesas Tóquio, Nagoya, Osaka, Kobe e Quioto formam a maior megalópole asiática. Na Europa, às vezes são reunidas na mesma megalópole (chamada de banana azul), um conjunto de grandes cidades que vai de Londres a Milão, passando por Paris.

Atenção: não confundir megalópole com "megápole" (definida simplesmente como uma cidade com mais de 10 milhões de habitantes).

→ **VER TAMBÉM:** População; Cidade.

VOCÊ SABIA?

Sabe dizer quantos habitantes vivem na megalópole BosWash?

A. Cerca de 20 milhões.
B. Cerca de 50 milhões.
C. Cerca de 70 milhões.

Resposta C: esta megalópole, que se estende por mais de 800 km de norte a sul, abriga entre 65 e 70 milhões de habitantes.

Situada no Japão, a maior megalópole da Ásia reúne 100 milhões de habitantes.

Meio ambiente

Meio ambiente

Meio ambiente é tudo o que existe à nossa volta. Não apenas o que está próximo. A Terra é nosso meio ambiente, a sua atmosfera também. O meio ambiente é constituído pelos elementos naturais, mas também por tudo o que foi construído pelos homens. São os elementos materiais (rios, florestas, cidades, estradas...), mas também outros elementos imateriais: organização política, econômica, social... Quando se fala em meio ambiente, costuma-se pensar em "proteger o meio ambiente" e, portanto, em "proteger a natureza".

→ **VER TAMBÉM:** Biodiversidade.

Você sabia que desde 1972 existe uma Jornada Mundial do Meio Ambiente?

Todos os anos, no dia 5 de junho, a JMMA destaca um objetivo específico e importante, relativo ao meio ambiente. Sediada cada vez em uma cidade diferente, é comemorada com uma exposição internacional durante uma semana. O tema do ano de 2009 foi: "O seu planeta precisa de você", com o seguinte bordão: "Vamos nos unir contra as mudanças climáticas".

Migração

Há muito tempo os animais e os homens se deslocam. Diz-se que eles migram. Vão viver em outro lugar, em busca de alimento, novas terras, vida melhor. Algumas espécies de pássaros (andorinhas e cegonhas, por exemplo) migram assim que o tempo esfria e vão procurar regiões mais quentes, pois fica difícil encontrar insetos para comer. Depois voltam no início da primavera. Isso é chamado de migração sazonal.

Os homens também migram por motivos diferentes. Em 2010, dos 6,8 bilhões de habitantes do nosso planeta, 200 milhões (cerca de 3%) não viviam no país onde nasceram. Muitos outros migraram no interior do seu próprio país, com maior frequência dos campos para as cidades. Por que? As causas são múltiplas: procurar vida melhor, fugir da pobreza, da violência ou da guerra, ajudar os que ficam no local de origem e muitas vezes na esperança de assegurar para os filhos um futuro melhor.

Futuramente, as evoluções climáticas e as catástrofes naturais daí decorrentes (tornados, furacões, secas ou inundações) também poderão provocar a migração de dezenas e até mesmo centenas de milhões de habitantes da Terra.

Migração

As migrações pelo mundo afora, no início do século XXI.

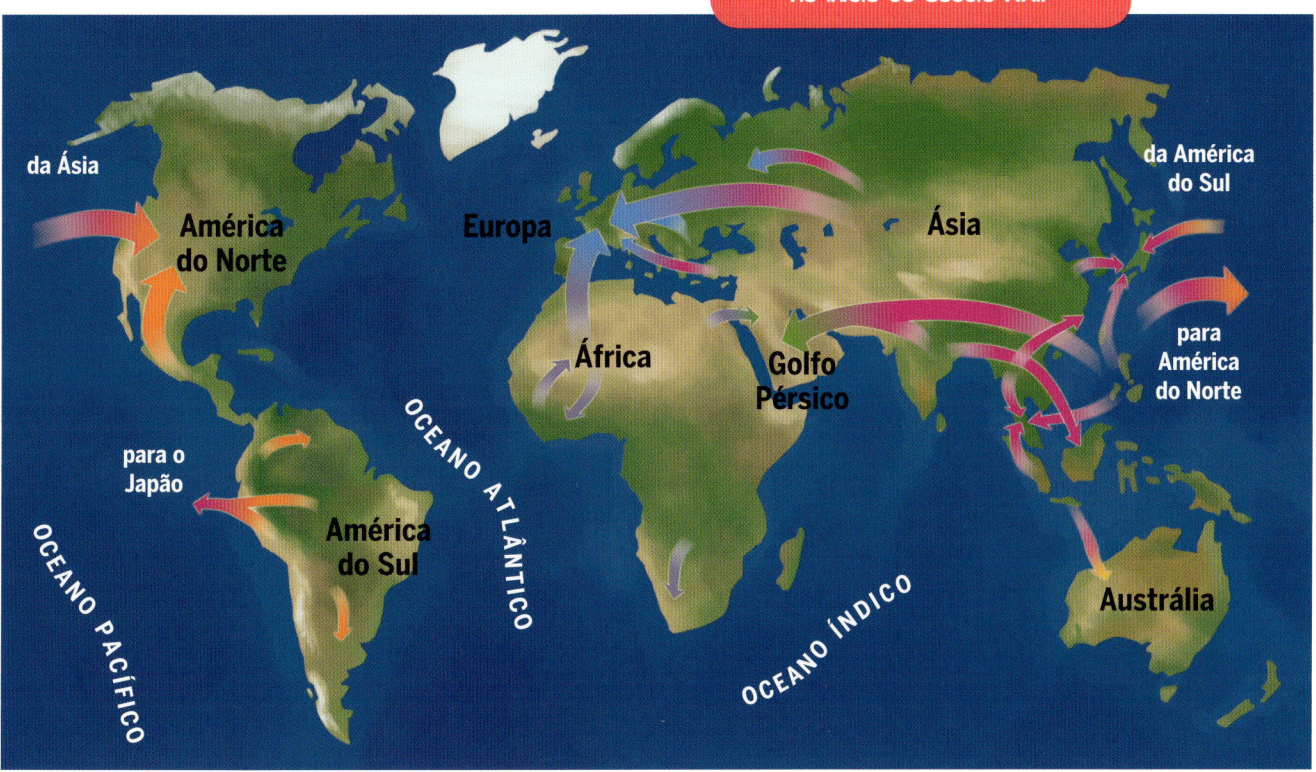

- da Ásia → América do Norte
- para o Japão
- América do Sul
- Europa
- África
- Golfo Pérsico
- Ásia
- da América do Sul → para América do Norte
- Austrália

OCEANO PACÍFICO • OCEANO ATLÂNTICO • OCEANO ÍNDICO

Nanotecnologia

Nanotecnologia é um conjunto de técnicas que utilizam objetos minúsculos, invisíveis a olho nu. Um nanômetro é 10 milhões de vezes menor do que um centímetro. Numerosos produtos foram inventados graças a essa nova ciência. Por exemplo, o circuito integrado (ou chip), uma cápsula minúscula que pode ser implantada sob a pele de um animal. Isso é menos doloroso do que a tatuagem (assemelha-se à picada de uma injeção que logo passa!) e talvez mais eficaz.

info +

A ELETRÔNICA NO PAPEL

Da espessura de uma folha de papel que se enrola e se guarda no bolso como um velho pergaminho... dentro de alguns anos, o "e-papel" (papel eletrônico) certamente nos permitirá ler e baixar o que quisermos em uma folha plástica, carregada eletronicamente.

Oceanos e mares

Oceanos e mares

Com certeza você já sonhou em ser pescador, explorador, poeta, pirata ou aventureiro. Os mares e os oceanos cobrem dois terços da superfície do nosso "planeta azul", uma imensidão. Desempenham um papel essencial no controle climático da Terra e na composição da atmosfera (ao absorverem grande parte do gás carbônico — o CO_2 — produzido pelos homens).

Se você derramar uma colherinha de café na sua banheira, ele vai se diluir tão depressa que você terá a impressão de que a água do banho está tão limpa quanto antes. Mas se acrescentar outras colheradas de café, gradualmente a água escurecerá. Infelizmente é o que fazemos com os mares: todos os dias despejamos toneladas e toneladas de poluentes nos rios, mares e oceanos. As espetaculares marés negras são apenas a ponta do iceberg!

→ **VER TAMBÉM:** Água, Maré negra.

Oceanos e mares absorvem grande parte do dióxido de carbono.

info +

PERIGO, ICEBERG!

Os icebergs são enormes blocos de gelo que se descolam das banquisas e vagueiam pelo oceano. 90% do seu volume se escondem sob a superfície da água. Portanto, usa-se a expressão "a ponta do iceberg" para significar que apenas pequena parte (10%) de um problema está visível, e que a parte maior está invisível.

OGM

info +

OGM NOS NOSSOS PRATOS DE COMIDA?

Já podemos encontrá-los em quase todos os lugares, mas os consumidores precisam ser informados. Se algum produto contiver um pouco de OGM (mais de 0,9%, exatamente), o rótulo deve conter essa indicação.

Os famosos OGM costumam aparecer nas manchetes dos jornais, mas afinal de que se trata? Esses organismos geneticamente modificados são animais, plantas (ou bactérias) para os quais cientistas transferiram um gene proveniente de outra espécie.

Com que finalidade? Para criar seres vivos mais resistentes e mais úteis para a pesquisa, a agricultura ou a medicina. Por exemplo, certas plantas modificadas (denominadas transgênicas) resistem mais facilmente aos insetos ou aos pesticidas. É o que acontece com certas variedades de milho ou de soja que podem servir para alimentar animais ou seres humanos.

Mas às vezes os OGM assustam e há quem se oponha, considerando-os "manipulação da natureza". Esses opositores defendem o princípio da precaução. Segundo eles, os OGM deviam ser proibidos porque não se conhecem todos os riscos ligados à sua criação e ao seu uso. Os anti-OGM afirmam, por exemplo, que esses organismos modificados poderiam destruir certas espécies vivas, desequilibrar ecossistemas ou provocar alergias alimentares. Resultado: na própria União Europeia, alguns países (entre os quais a França e a Alemanha) decidiram proibir certas espécies de milho transgênico.

Recentemente, o uso da soja transgênica provocou polêmica no Brasil, por não se saber ao certo que impactos o consumo desse produto teria sobre a saúde.

→ **VER TAMBÉM:** Agricultura; Bio; Princípio da precaução.

OGM

Este cientista controla a qualidade de uma cultura de milho transgênico.

OMS

OMS — essas três letras significam alguma coisa para você? Em geral elas costumam ser pronunciadas durante pandemias ou catástrofes sanitárias. Sempre que ocorre alguma epidemia de gripe A ou de gripe aviária, a OMS (Organização Mundial da Saúde) nos previne. Essa organização, criada em 1948, tem por objetivo principal zelar pela saúde de todos os habitantes da Terra.

Porém o papel da OMS não é apenas o de nos alertar e tomar providências para estancar as epidemias. Ela também promove grandes campanhas de vacinação e cuida para que homens, mulheres e crianças do mundo inteiro tenham acesso a medicamentos e cuidados de boa qualidade. Essa parte da missão é particularmente delicada no que se refere aos habitantes dos países mais pobres!

→ **VER TAMBÉM:** Doença.

VOCÊ SABIA?

Logo após a Primeira Guerra Mundial, a Sociedade das Nações (antecessora da ONU) criou o Comitê de Higiene (antecessor da OMS). O motivo foi:

A. uma epidemia de gripe A?
B. uma epidemia de gripe aviária?
C. uma epidemia de gripe espanhola?

Resposta C. Entre 1918 e 1919 a gripe espanhola causou mais de 20 milhões de mortes em seis meses.

Pampas

Os pampas ocorrem no Sul do Brasil, principalmente no Rio Grande do Sul, estendendo-se pelo Uruguai até o Nordeste da Argentina. A vegetação, em geral, é composta por gramíneas, muito utilizadas como pastagem na criação de gado. Esse uso é uma das principais ameaças ao ecossistema dos pampas porque o gado, ao pisotear, elimina algumas espécies de grama. Certos produtores têm introduzido espécies não nativas, ameaçando a biodiversidade local.

VOCÊ SABIA?

Apesar da paisagem aparentemente monótona, os pampas abrigam mais de duas mil espécies diferentes de gramíneas.

Pantanal

O Pantanal é uma floresta que se desenvolve em áreas que sofrem inundações durante o período mais chuvoso do ano. Conhecido em função da atividade pecuária, o Pantanal está localizado principalmente nos estados de Mato Grosso e Mato Grosso do Sul. Além da pesca e da caça ilegais, uma das maiores ameaças à conservação do Pantanal é o lançamento de agrotóxicos – utilizados na agricultura, nas áreas de cerrado próximas – que poluem os rios locais. Em 2000 a UNESCO incluiu o Pantanal Mato-grossense ao acervo dos patrimônios da humanidade, reconhecendo-o como uma das mais exuberantes e diversificadas reservas naturais do planeta.

Parques naturais nacionais

Proteger a beleza selvagem da natureza, preservar a biodiversidade, a fauna (os animais), a flora (os vegetais) e também as paisagens produzidas pela ação humana, tudo isso é uma ideia antiga. O primeiro a pensar em criar parques naturais foi americano George Catlin... em 1832! Desde então esses parques se multiplicaram. Existem mais de 100 mil no mundo todo. Há parques em todos os continentes: nas Américas, na Europa, na Ásia, na África e na Oceania! No entanto, essas reservas naturais representam apenas uma pequena parte da superfície do planeta, menos de cinco milhões de km² de um total demais de 500 milhões km². Afora esses parques, a natureza tem sido transformada pelas atividades humanas, às vezes para melhor e às vezes, infelizmente, para pior.

O primeiro parque natural foi o de Yellowstone nos Estados Unidos, criado em 1872.

VOCÊ SABIA?

Descubra onde se situam cada um dos parques naturais seguintes e os animais que abriga.

A. Vale da Morte	1. Madagascar	a. Jabiru
B. Kakadu	2. México	b. Crocodilo
C. Mercantour	3. Brasil	c. Lobo
D. Pantanal	4. Estados Unidos	d. Maqui de cauda zebrada
E. Mariposa	5. França	e. Borboleta monarca
F. Andringitra	6. Austrália	f. Coiote

Resposta: A4f, B6b, C5c, D3a, E2e, F1d.

Patrimônio mundial

O patrimônio mundial é um conjunto de sítios (lugares e monumentos) de enorme valor. A UNESCO (Organização das Nações Unidas para a Educação, a Ciência e a Cultura) estabeleceu uma lista para catalogar e proteger esses sítios.

Atualmente, 890 sítios estão catalogados nessa lista, onde se encontram sítios naturais (o santuário do grande panda de Sichuan, na China, por exemplo), sítios culturais (como as minas de sal de Wieliczka, na Polônia) e sítios mistos, também classificados como culturais e naturais (como o santuário histórico de Machu Picchu, no Peru).

Este logotipo você poderá encontrar nos sítios pertencentes ao patrimônio mundial.

Pegada ecológica

Pegada ecológica

Imagine-se sozinho(a) numa ilha deserta. Terá de sobreviver! Para isso, precisará basicamente arranjar água potável e alimentos, cortar madeira para se aquecer ou para construir uma casa... Vai necessitar de uma "certa superfície da Terra" para dispor desses recursos naturais e explorá-los: é a isso que se chama de pegada ecológica.

Cuidado: se usar esses recursos sem pensar no futuro (desperdiçando água, por exemplo, ou utilizando madeira sem dar tempo para novas árvores crescerem), você corre o risco de ficar sem eles e estará em perigo!

É o que acontece atualmente no nosso planeta: os seres humanos consomem em média mais do que a Terra pode lhes oferecer de modo duradouro!

→ **VER TAMBÉM:** Energia; Economia de energia.

Algumas cifras

A pegada ecológica varia em função do consumo dos seres humanos (e da região do mundo onde eles se encontram).

Se todo o mundo vivesse como um europeu, seria preciso quase três planetas para atender às necessidades humanas no que diz respeito aos recursos naturais. Esse número seria de seis planetas para um norte-americano e de menos de um planeta para um habitante do continente africano.

E você, sabe qual é a sua pegada ecológica?

Não deixe de recorrer a certas páginas da Internet para fazer esse cálculo.

Pesca

De cada grupo de seis habitantes da Terra, mais de um (portanto, mais de um bilhão de pessoas) depende do peixe para obter as proteínas necessárias ao seu desenvolvimento. Mas os estoques de peixes (os cientistas dizem "reservas haliêuticas") dos mares e oceanos não são inesgotáveis. Certas espécies – atum vermelho, halibute, enguia europeia – estão ameaçadas de extinção. Outras – bacalhau, sardinha, enchova, arenque – têm sido tão pescadas que os estoques estão se reduzindo. Há 30 anos a pesca é industrializada: navios-usinas cada vez maiores arrastam redes cada vez mais largas e compridas, desentocando peixes em grandes profundidades. Os seus imensos arrastões invadem e destroem o fundo do mar, apanhando também tartarugas e golfinhos.

A partir da década de 1970, vários países desenvolvidos se conscientizaram do fenômeno da pesca excessiva e adotaram progressivamente uma regulamentação para limitar o volume da pesca: a conhecida política de cotas. Por exemplo, a pesca de coquille Saint Jacques, rigorosamente regulamentada na França, só é autorizada entre 1º de outubro e 15 de maio. Além disso, só podem ser pescados coquilles de um centímetro, ou maiores.

Traineira e suas redes de pesca.

Pesticida

Ervas daninhas, insetos, doenças, fungos – é preciso defender as plantas contra todas essas pragas. E para tanto os agricultores dispõem de uma arma poderosa: os pesticidas. Essas substâncias químicas são utilizadas desde a década de 1940 e a França é um dos países que mais as utilizam, sendo o terceiro consumidor mundial.

Essa arma, embora eficaz, representa um perigo para o nosso meio ambiente e a nossa saúde. Ao se dispersarem na natureza, esses produtos tóxicos podem contaminar as cadeias alimentares, os cursos d'água, os lençóis freáticos... Até nas frutas e verduras que ingerimos também encontramos vestígios de pesticidas.

Então, se quisermos ter um mundo mais "bio", que tal reduzir o uso dos pesticidas químicos, dando preferência aos métodos naturais de proteção? Um exemplo: você sabia que uma única larva de joaninha é capaz de devorar até 120 pulgões por dia, protegendo assim certas plantas contra os ataques dessas minúsculas pragas?

→ **VER TAMBÉM:** Compostagem, Fertilizante.

VOCÊ SABIA?

Na família dos pesticidas, o inseticida se ocupa dos insetos e os herbicidas combatem as ervas daninhas. Então responda: o fungicida luta contra...

A. As aranhas?
B. Os fungos?
C. As bactérias?

Resposta B: o fungicida ajuda a combater certos fungos (em latim, fungus significa cogumelo).

Petróleo

Trata-se de um recurso oriundo das profundezas da Terra e leva MILHARES de anos para se formar. O petróleo é um "óleo" proveniente da lenta decomposição de minúsculos animais e plantas no subsolo do nosso planeta!

Atualmente, essa fonte de energia se tornou indispensável para o mundo moderno. É transformada em gasolina para automóveis, querosene para aviões ou matéria plástica para a fabricação de sacos e produtos de todo tipo...

Por isso esse ouro negro é tão procurado pelos quatro cantos do mundo, até em locais de difícil acesso: muitos quilômetros debaixo do mar ou do gelo! Porém um dos maiores desafios ecológicos do nosso tempo é limitar o consumo do petróleo. Esse recurso fóssil não é renovável: segundo os especialistas, daqui a uns 50 anos as reservas poderão estar esgotadas. Além disso, a queima do petróleo emite dióxido de carbono, principal gás responsável pelas alterações climáticas!

E que tal se desde agora inventássemos a era pós-petróleo, apelando para o Sol e o vento, fontes energéticas renováveis e limpas?

Uma plataforma de petróleo no Mar do Norte.

VOCÊ SABIA?

Onde foi cavado o primeiro poço de petróleo, em 1859?

A. Na Arábia Saudita
B. Na Rússia
C. Nos Estados Unidos.

Resposta C: nos Estados Unidos (no estado da Pensilvânia). Embora essa fonte de energia já fosse conhecida desde a Antiguidade, só em meados do século XIX os pioneiros tiveram a ideia de cavar um poço para extrair o ouro negro.

→ **VER TAMBÉM:** Energia; Energia renovável; Maré negra.

Poços de carbono

Poços de carbono

As emissões de gases de efeito estufa e principalmente o CO_2 ameaçam o clima do nosso planeta. Algumas pessoas querem limitar a produção desses gases, enquanto outras procuram armazená-los para evitar a sua difusão na atmosfera. A ideia mais frequente é estocá-los em poços sob a terra, nos chamados "sumidouros de carbono".

Essa ideia se baseia na existência de sumidouros de carbono naturais: por exemplo, os oceanos abrigam plantas microscópicas que capturam o CO_2 e ao morrer o carregam para o fundo do mar. Talvez você conheça, sem saber, algum outro tipo de poço de carbono natural. Diz-se que as florestas são os pulmões do nosso planeta. Com efeito, para "crescer", as árvores absorvem CO_2 e o expelem sob a forma de... oxigênio! Assim, podemos dizer que purificam o ar que respiramos. No entanto, isso só verdade para as florestas jovens: uma vez "adultas", as árvores não crescem mais e expelem todo o CO_2 que absorvem.

No entanto, as soluções de armazenamento artificial imaginadas atualmente por alguns cientistas apresentam graves inconvenientes: em primeiro lugar porque não estimulam a perseguição ao desperdício das energias fósseis e também porque apresentam riscos em casos de vazamento.

Qual a melhor solução? Plantar árvores, lutar contra o desmatamento e praticar o contrário: o "reflorestamento".

→ **VER TAMBÉM:** Dióxido de carbono; Floresta/Desmatamento.

Os recifes de coral capturam o dióxido de carbono.

VOCÊ SABIA?

Estimular o crescimento das árvores e criar florestas tem um nome. Qual?
A. Arboricultura
B. Silvicultura
C. Seivocultura

Resposta B

Poluição

Os incêndios e as erupções vulcânicas, mas sobretudo as atividades humanas (indústrias, agricultura, transportes...) deixam resíduos de poeira, gases ou produtos tóxicos que degradam o meio ambiente. Esses resíduos formam a poluição.

A poluição atinge, às vezes de modo invisível, o ar que respiramos, a água dos rios, mares e oceanos (de vez em quando de maneira muito espetacular, como no caso das marés negras) ou ainda o solo onde enterramos todo tipo de dejetos e produtos tóxicos.

Há outras formas de poluição: o barulho (música alta demais, alarmes, decolagens de aviões...) ou ainda a iluminação urbana que impede de distinguir nitidamente as estrelas, que são chamadas de poluição sonora e poluição luminosa.

→ **Ver também:** Ar

Conhecendo a situação do nosso planeta, tento proteger a minha cidade contra a poluição.

Por exemplo, evito deixar água escorrer à toa e apago as luzes sempre que saio de um aposento. No início não é fácil, mas quando adquirimos o hábito, não esquecemos mais.

O céu da cidade do México, extremamente poluída, jamais é azul.

População

No Rio de Janeiro, as favelas são áreas superpovoadas onde vivem as pessoas mais pobres.

Demógrafos são cientistas que estudam a evolução da população. Os seus cálculos permitem que se tenha uma ideia precisa do número de habitantes da Terra. Para conseguir isso, comparam o número de nascimentos (natalidade) com o número de falecimentos (mortalidade) que ocorrem a cada dia. Quando os nascimentos são mais numerosos do que as mortes, fala-se em crescimento demográfico, ou seja: a população aumentou.

E aumenta depressa! Em 1960 a Terra abrigava três bilhões de habitantes. Em agosto de 2009 já éramos mais de 6,8 bilhões.

Há cerca de um século, em cada grupo de dez pessoas, uma vivia em alguma cidade. Hoje essa proporção aumentou para uma pessoa em cada grupo de duas. Quando a população se torna numerosa demais para uma cidade ou um país, fala-se em superpopulação. Quando se vive em um lugar superpovoado, as condições de vida não são confortáveis e às vezes muito difíceis. Certas aldeias não têm eletricidade nem água corrente, apenas uma fonte onde os habitantes vão buscar água potável. A vida também é difícil nas favelas, áreas onde as moradias são construídas às pressas, com sucata e ausência de higiene.

→ **VER TAMBÉM:** Migração; Cidade.

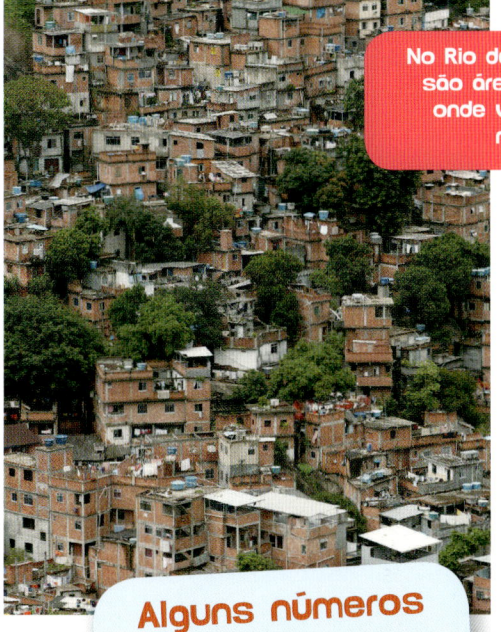

Alguns números

Em 2010 a população mundial era de 6,8 bilhões de habitantes.

Ocorrem por dia cerca de 350.000 nascimentos e 150.000 mortes. Pode-se deduzir que a cada dia há mais 200.000 pessoas vivendo na Terra.

Princípio da precaução

"Cuidado!" Quantas vezes os seus pais lhe disseram isso? Quantas vezes eles recomendaram prudência? Todos os dias corremos riscos. O simples fato de descer uma escada ou subir numa árvore pode acarretar uma queda de consequências dolorosas. Felizmente, isso não nos impede de continuar vivendo. Mas certas atividades ou certos produtos implicam riscos muito graves, mesmo quando não temos certeza se esses riscos se concretizarão. Para proteger a nossa saúde, a nossa segurança ou o meio ambiente, às vezes é preciso reduzir ou até proibir alguma atividade ou algum produto, mesmo sem termos prova absoluta de que o risco se realizará: é o princípio da precaução.

Uma recente lei europeia obriga os fabricantes de produtos químicos a provarem que os seus produtos não são perigosos.

Se eles não conseguirem comprovar isso, os produtos não poderão mais ser vendidos. É um bom uso do princípio da precaução!

Progresso

Progresso

As pesquisas científicas levam ao progresso tecnológico, ou seja, a melhorias no modo de fazer e de produzir. O progresso tecnológico pode levar a um aumento considerável no consumo de energia, mas também pode igualmente permitir economizar energia.

Tomemos o exemplo do automóvel. Podemos inicialmente constatar que essa invenção formidável e a sua difusão pelo mundo causam forte consumo de energias, essencialmente fósseis.

Porém, a partir da invenção dos primeiros automóveis houve enormes progressos para melhorar a eficiência energética desses veículos:

- graças à forma delgada e à carroceria mais leve, os carros oferecem menos resistência ao ar;
- os motores e os combustíveis foram otimizados;
- o motor de certos veículos estanca, caso fiquem parados por alguns instantes;
- outros funcionam com um motor tradicional e outro elétrico. São os chamados "híbridos". O seu consumo de combustível é muito menor;
- no futuro os carros elétricos provavelmente substituirão os que funcionam com gasolina.

Infelizmente, outras evoluções nos automóveis não visam a economia de energia. Os motores estão cada vez mais possantes para acelerar muito e rodar depressa. A abundância de equipamentos aumenta o peso dos carros e os sistemas de climatização devoram energia!

Além do automóvel, pode-se observar os mesmos efeitos contrastantes do progresso em muitas áreas: aviação, informática, telefonia, brinquedos para crianças etc.

info +

UM AVIÃO ECOLÓGICO

Desde 2003 os pesquisadores trabalham em um projeto ambicioso: construir um avião que possa dar a volta ao mundo movido unicamente pela energia solar. Voar sem poluir: será que isso é possível?

Solar impulse, um projeto de avião solar capaz de dar a volta ao mundo.

Protocolo de Quioto

Em dezembro de 1997, no Japão, 180 países assinaram um acordo segundo o qual os países mais ricos se comprometem a REDUZIR as suas emissões de gases de efeito estufa, responsáveis pelas alterações climáticas. Esse acordo é o famoso Protocolo de Quioto.

O objetivo principal é reduzir, até 2012, 5% (em relação a 1990) das emissões de gases nocivos ao nosso planeta. Para isso, os países mais ricos devem, por exemplo, desenvolver as energias renováveis, estimulando as economias a preservarem as fontes energéticas do nosso planeta. Em contrapartida, por enquanto os países em desenvolvimento não têm obrigação alguma.

Problema principal desse tratado: não ser aplicado pelos Estados Unidos, país que sozinho é o responsável por um quarto das emissões mundiais de gases de efeito estufa!

→ **VER TAMBÉM:** Clima; Grenelle.

info +

DE QUIOTO A COPENHAGUE

Infelizmente, nem mesmo os países que assinaram o Protocolo de Quioto conseguiram alcançar as metas desejadas para a diminuição do lançamento de gases de efeito estufa. A reunião de Copenhague em 2009, que serviu como avaliação da de Quioto, não foi bem sucedida: houve protestos de diversos países ameaçados pela elevação do nível do mar (como as Ilhas Maldivas, cuja altitude média é de apenas 90 cm!) e pelo descaso dos maiores poluidores do mundo.

Radioatividade

Os átomos são partículas minúsculas de matéria. Em grego atomos significa "o que não se pode dividir". No entanto, antes mesmo que o homem imaginasse quebrar átomos para produzir energia, a natureza criou átomos instáveis que, ao se desintegrarem, emitem radiações: é a radioatividade.

Portanto, radioatividade pode ser natural. Certas rochas, em especial o granito, são naturalmente radioativas. São encontradas na Bretanha e no Maciço Central (da França!!!). Mas a radioatividade está ligada principalmente às atividades humanas e à utilização de tecnologias nucleares (na medicina e, sobretudo, para produzir eletricidade nas centrais nucleares). Os produtos altamente radioativos são objeto de uma vigilância muito cautelosa, pois a exposição à radioatividade – diz-se irradiação – é perigosa para a saúde: uma irradiação aguda pode levar à morte. Foi o que se observou durante os bombardeios atômicos a Hiroshima e Nagasaki em 1945 ou na catástrofe de Chernobil em 1986.

Os dejetos produzidos pelas centrais nucleares são altamente radioativos e permanecem assim durante centenas de milhares ou de milhões de anos. Assim, representam uma ameaça para a saúde humana e para o meio ambiente.

→ **VER TAMBÉM:** Catástrofe nuclear; Central nuclear; Dejetos nucleares.

É preciso adquirir desde cedo o hábito de reciclar os dejetos.

Reciclagem

Certos objetos que nos rodeiam têm uma segunda e até uma terceira vida... graças à reciclagem, que é a transformação de um objeto usado, danificado ou que não se quer mais, para torná-lo reutilizável. Garrafas e frascos de vidro podem ser derretidos e transformados em novas garrafas e frascos. Algumas reciclagens são fantásticas, pois o produto é totalmente transformado. Assim, garrafas de plástico possibilitam a fabricação de móveis de jardim, óculos e pulôveres. Pneus gastos viram sola de sapatos, brinquedos de jardim para crianças ou vasos de flores!

Você gostaria de produzir algo novo a partir de um objeto velho? Já transformou alguns dos seus brinquedos ou roupas estragados para poder usá-los por mais tempo?

VOCÊ SABIA?

Qual destas duas logomarcas simboliza a reciclagem?

A. B.

Resposta A.

→ **VER TAMBÉM:** Dejetos; Triagem seletiva.

Recursos/Carências

Recursos/Carências

A água, os alimentos, o carvão, o gás... constituem o que chamamos de recursos. Fornecem aos homens os elementos indispensáveis à vida. Quando se alimentam, consomem ou se deslocam, os seres humanos utilizam, exploram e às vezes desperdiçam esses recursos.

Hoje em dia, com mais de 6,8 bilhões de seres humanos na Terra, a água se tornou insuficiente em certas regiões do mundo, as reservas de peixes estão diminuindo sensivelmente e o petróleo talvez falte daqui a uns 50 anos. Em resumo, as carências nos ameaçam.

Um dos grandes desafios que enfrentamos desde agora é aprender a viver pensando nas gerações futuras, sem desperdiçar os recursos não renováveis.

→ **VER TAMBÉM:** Economia de energia; Energia; Energia renovável.

info + MARES SEM PEIXES?

Um bilhão de seres humanos vive se nutrindo essencialmente de peixe. Mas hoje certas espécies estão ameaçadas: o atum vermelho, que encontramos na maioria dos sushis, é o exemplo mais famoso de espécie aquática em perigo. Uma das soluções para preservar os recursos marítimos é formar reservas (onde os peixes possam se reproduzir em total liberdade) e dar preferência à pesca durável.

Refugiado climático

As consequências das alterações climáticas são inúmeras. A extensão das zonas de seca no mundo ou a elevação do nível das águas dos oceanos figuram entre os perigos que ameaçam o nosso planeta. Alguns cientistas preveem que o nível dos oceanos subirá quase um metro. Se isso acontecer, inúmeros territórios correm o risco de ser inundados. Entre as regiões ameaçadas estão: uma parte de Bangladesh, certas ilhas, como as Maldivas (no Oceano Índico) ou o arquipélago de Tuvalu (no Oceano Pacífico), para citar apenas três exemplos.

Assim, devido aos desequilíbrios do clima, certos cientistas estimam que daqui a 50 anos, 200 milhões de pessoas talvez se vejam obrigadas a abandonar o país ou a região onde vivem.

Atualmente, certas associações humanitárias têm lutado para que no futuro essas vítimas do aquecimento terrestre sejam acolhidas dignamente fora do seu país de origem e se tornem refugiados climáticos (ou eco--refugiados).

→ **VER TAMBÉM:** Clima.

Você consegue imaginar que no dia 17 de outubro de 2009 as maiores autoridades das Maldivas se reuniram... debaixo d'água? Espantoso, não é?

Ao realizarem o primeiro conselho ministerial submarino da História, eles queriam mostrar simbolicamente as consequências que o seu país poderia sofrer com a elevação do nível dos oceanos. Foi uma bela atitude em defesa do planeta!

Revolução Industrial

Há cerca de dois séculos muitos países da Europa passaram por um período de importantes mudanças: a Revolução Industrial. Novas máquinas foram inventadas e os homens começaram a trabalhar em FÁBRICAS. Essas novas fábricas, precisando de mão de obra, atraíram pessoas que buscavam trabalho. Foi assim que aumentou a população urbana (Londres, Paris, Nova York) e, em consequência, a população rural (do interior dos países) diminuiu muito.

Tais acontecimentos transformaram as cidades: foi preciso construir imóveis mais altos para alojar mais gente e os meios de transporte evoluíram. Os arranha-céus surgiram nos Estados Unidos no final do século XIX. O trem, e depois o automóvel e o metrô, foram inventados e começaram a circular na superfície e no subsolo.

O primeiro metrô do mundo foi criado em Londres em 1863.

Primeiros passos da era industrial, no século XIX.

Terra, planeta

Terra, planeta

A Terra é um dos oito planetas do sistema solar. Foi apelidada de "planeta azul" porque a maior parte da sua superfície é recoberta de água. O resto é composto de continentes e ilhas.

Nosso planeta gira em torno de si mesmo durante 24 horas, em volta de um eixo que o atravessa. Esse movimento é chamado de "rotação".

A Terra efetua esse movimento 365 vezes, dando a volta em torno do Sol. Em outras palavras, é preciso um ano inteiro para a volta completa em torno dessa grande bola de fogo que nos dá calor e energia. Fala-se de "translação" da Terra em torno do Sol.

A Terra contava com dois bilhões de habitantes em 1920 e três bilhões em 1960. Hoje somos mais de 7 bilhões!

Para se alimentar os homens exploram o solo, cultivando-o. A Terra dispõe de abundantes recursos, como água, carvão, petróleo e florestas que fornecem os elementos essenciais para a nossa sobrevivência... No entanto, alguns desses recursos não são inesgotáveis: se os explorarmos muito rápido, eles podem desaparecer.

Para preservar os recursos de água potável, por exemplo, existem várias maneiras de agir, tais como reciclar melhor as águas usadas, dessalinizar a água do mar ou inventar novas plantas capazes de resistir à seca.

→ **VER TAMBÉM:** Dióxido de carbono, Efeito estufa, Poluição.

VOCÊ SABIA ?

Certamente já ouviu falar de aquecimento do planeta devido às emanações de gases de efeito estufa, produzidos principalmente pelos transportes. Cientistas estimam que o nosso planeta poderá aquecer de 1,5 a 6°C nos próximos 10 anos.
Mas você sabe qual é a temperatura média da Terra atualmente?

A. 15°C
B. 5°C
C. 30°C

Resposta : A

Transporte

O avião, o automóvel, o trem, o navio – permitem que os homens se desloquem para comerciar, trabalhar, viajar... Esses meios de transporte evoluíram fortemente durante o século XX: cada vez mais longe, cada vez mais depressa, cada vez mais barato. Mas hoje o transporte consome a maior parte do petróleo do mundo e produz dióxido de carbono, que aquece a nossa atmosfera. Certas previsões apontam que o número de automóveis que circulam no nosso planeta triplicará nos próximos 40 anos. Dois bilhões de veículos em 2050 significam ainda mais emissões de dióxido de carbono! A menos que encontremos soluções.

Por que não começar mudando os nossos hábitos? Evitar o uso do automóvel, quando não for indispensável (ou compartilhá-lo, praticando o transporte compartilhado), utilizar transportes que consomem menos energia (ônibus ou metrô, por exemplo). E talvez consigamos alguns progressos técnológicos e científicos. Quando surgirão veículos elétricos verdadeiramente ecológicos, para substituir definitivamente os carros movidos a gasolina? Tomara que um dia possamos fazer um cruzeiro aéreo a bordo de um avião ou balão dirigível, ambos movidos a energia solar!

→ **VER TAMBÉM:** Transporte compartilhado; Dióxido de carbono; Efeito estufa; Poluição.

Balão dirigível, uma solução ecológica para se viajar.

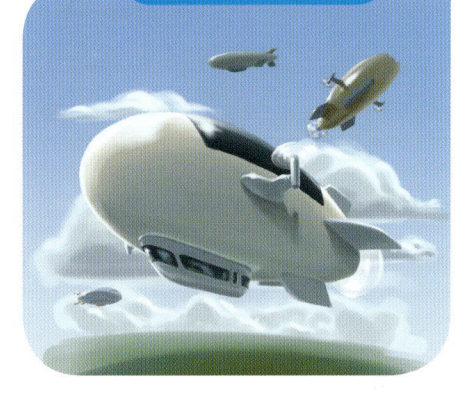

VOCÊ SABIA?

Você saberia classificar estes meios de transporte, do mais ecológico ao menos "limpo"?

A. avião
B. metrô
C. patinete
D. automóvel.

Resposta C: o patinete é o meio de transporte mais limpo dos quatro. O seu uso não produz gás de efeito estufa (é movida a energia humana!). Em seguida vêm: o metrô (muito prático para se circular nas grandes cidades), o automóvel e o avião.

Transporte compartilhado

O transporte compartilhado é a utilização de um mesmo veículo por várias pessoas que se dirigem ao mesmo local (trabalho, escola, casa de amigos...), portanto, trata-se de compartilhar o carro para reduzir as emissões de dióxido de carbono, responsáveis pelo aquecimento do planeta e pela poluição do ar.

Uma projeção aponta que em 2020 a cidade do Rio de Janeiro terá um automóvel para cada dois habitantes, o que poderá tornar ainda mais caótico o já complicado trânsito da cidade e aumentar os índices de poluição. Uma boa ideia para minimizar o problema são as caronas, que diminuem o número de carros nas ruas, melhorando a qualidade de vida na cidade.

→ **VER TAMBÉM:** Ar; Dióxido de carbono.

Eu soube que nos Estados Unidos existem vantagens para os carros que transportam vários passageiros.

Certas faixas de trânsito são reservadas para eles, que assim passam mais depressa pelos engarrafamentos. Boa ideia para se estimular o transporte compartilhado, não é?

Triagem seletiva

Depois de triados, os dejetos são lançados em contêineres sem fundo e vão cair em caixotes de estocagem temporária.

Triagem seletiva

Fazer triagem significa REUNIR ou classificar elementos em categorias. No prédio onde você mora talvez haja lixeiras de várias cores. Estão ali para evitar que as pessoas misturem os dejetos. Depois de serem recolhidos pelos caminhões de lixo, os sacos de dejetos são levados para um centro de triagem, onde são depositados em esteiras rolantes e depois abertos e esvaziados em cima de mesas. Então, algumas pessoas são encarregadas de separar os dejetos conforme a categoria. Missão importante, embora pouco agradável! Nós podemos lhes facilitar a tarefa, fazendo corretamente a triagem nas nossas casas. Certos materiais podem ser reciclados (como o vidro, o papelão, o plástico), enquanto outros são descartados.

→ **VER TAMBÉM:** Compostagem; Dejetos; Reciclagem.

V

Veículo elétrico

A maioria dos veículos hoje funciona a gasolina, óleo diesel ou gás. Fazem muito barulho e os seus canos de descarga emitem gases perigosos para a nossa saúde e para o meio ambiente. O veículo elétrico é um progresso considerável: praticamente não faz barulho e não produz escapamento de gás.

Contudo, ainda não é a solução ideal: esses veículos são mais caros do que os outros, e as distâncias que podem percorrer são menores; as baterias que utilizam são difíceis de reciclar; e essas baterias necessitam ser recarregadas e, para tanto, é preciso produzir eletricidade, infelizmente poluindo!

→ **VER TAMBÉM:** Eletricidade.

Protótipo de veículo elétrico. Veículo do futuro?

info +

RECORDE ELÉTRICO !

Quem detém o recorde de velocidade em bicicleta elétrica é Stephane Mélançon, um jovem de Quebec. Em junho de 2009, ele chegou a 94,3 km/h. Ele mesmo fabricou a bicicleta e o motor, reciclando velhas pilhas e baterias! O seu sonho é, em breve, ultrapassar os 100km/h!

WWF

Há quase 50 anos o World Wild Fund (Fundo Mundial da Natureza), fundação privada, tem por objetivo proteger os animais e a natureza. O WWF existe em mais da metade dos países do mundo (quase 100) e reúne em torno de 5 milhões de adeptos; é a primeira organização mundial de proteção à natureza. Com a sua logomarca, um panda gigante e o seu lema "Por um planeta vivo", o WWF luta para proteger as espécies ameaçadas na Terra (orangotango, tigre de Mekong, leopardo) e nos mares (tartaruga marinha, tubarão, golfinho, baleia etc.).

→ **VER TAMBÉM:** Espécies ameaçadas de extinção.

Você sabe por que a fundação WWF escolheu o panda como sua logomarca?

Simplesmente porque o panda gigante é uma das espécies animais mais ameaçadas na face da terra. Na China ainda vivem cerca de 1.600 pandas.

Atitudes ecológicas

Algumas atitudes que você e a sua família podem pôr em prática todos os dias facilmente, para agir agora contra o aquecimento climático.

Ao fazer compras

- Dê preferência a frutas e legumes da estação. Quanto mais perto forem plantados, menos precisarão de transporte causador de poluição.
- Tente diminuir o consumo de carne porque a criação de animais gasta muita energia.
- Para carregar as compras, prefira as cestas ou os carrinhos, em vez dos sacos plásticos, pois estes não são biodegradáveis.
- Escolha produtos "duráveis" (esponjas, estopas...) em vez dos descartáveis (panos embebidos em líquido, limpa-tudo...). Procure comprar produtos com a menor embalagem possível. Não sobrecarregue as lixeiras!

Nos transportes

Para limitar as emissões de gases de efeito estufa:

- Sempre que possível, faça as distâncias curtas a pé (ir à escola, à padaria, à casa de amigos...). E lembre-se: a caminhada é um ótimo exercício!
- Para os trajetos mais longos, dê preferência aos transportes coletivos.
- Quando sair de carro com os seus pais, evite o ar condicionado, que consome muita energia e, portanto, combustível.
- É bom soltar o freio e deixar o carro deslizar livremente, desligando a chave ao parar.
- Pense no transporte compartilhado.

No colégio

- Vá a pé, de patinete ou de bicicleta.
- Poupe papel (que vem das florestas), escrevendo dos dois lados de cada folha.

No jardim

- Economize água, juntando água da chuva para regar as plantas.
- Pense na possibilidade de reciclar o lixo doméstico para fazer compostagem, que adubará as plantas naturalmente.

No trabalho

Para economizar energia, é melhor:
- diminuir o uso de ar-condicionado no escritório;
- evitar as luzes acesas inutilmente;
- desligar os equipamentos elétricos;
- pensar em reciclar os cartuchos de tinta.

Em casa:

Para economizar energia:
- Escolha lâmpadas de baixo consumo.
- Evite as lâmpadas halógenas, que consomem muita energia.
- Apague a luz quando sair de um aposento.
- Desligue os aparelhos elétricos em vez de deixá-los em espera.
- Tampe as panelas durante o cozimento; descongele os alimentos naturalmente na geladeira, em vez de micro-ondas.

Para economizar água:
- Tome banho de chuveiro, em vez de banheira (economiza-se água e a energia para aquecê-la).
- Feche a torneira enquanto escova os dentes.

Para reciclar e diminuir o volume dos dejetos:
- Faça a triagem dos dejetos, utilizando as lixeiras específicas.
- Aprenda a reutilizar os objetos velhos para fazê-los durar mais, ou os doe para organizações que os consertem e os deem para pessoas mais pobres.

Índice remissivo

As palavras em negrito são verbetes do dicionário

Agricultura 8
　Agricultura orgânica 8,12
　Agricultura intensiva 8
　Agricultura racional 8
　Agrocombustível 13
Água 22
Antártida 10
　Aquecimento global 12,14,21,32,34,38
　Aquicultor 11
Aquicultura 11
Ar 9
Ártico 11
Atitudes em defesa do meio ambiente 32
　Átomo 15,48
Banquisa 11, 12, 38
Bio 12
　Biocenose 24
Biocombustível 13,25
Biodegradável 13, 19, 22
Biodiversidade 14, 24, 33, 42
　Biótopo 24
Cadeia alimentar 16
Camada de ozônio 18
　Carência 8,49
　Carvão 27,28,49
Casa ecológica 23
Catástrofe natural 14
Catástrofe nuclear 15
Central nuclear 15,20
　Central térmica 15
　Chernobil 15,48
Chuvas ácidas 44
　Ciclone 14
Cidade 53
　Circuito integrado 39
Clima 16
Clonagem 17
　Clonagem terapêutica 17

Comércio equitativo 17
Compostagem 18,32,34
Contaminação 15
Crescimento demográfico 45
Dejetos 18,19,24
Dejetos nucleares 15,20
Demógrafo 45
Desenvolvimento sustentável 21,33
Desertificação 20
Desmatamento 14,20,31,47
Dilatação térmica 38
Dióxido de carbono 16,19,21,25,31,40,44,45,51
Diversidade dos seres vivos 14
Doença 35
Ecoatitude/Ecoconsumidor 22
Ecocidadão 32
Ecologia 23,24
Ecologista 23
Ecólogo 23
Economia de energia 23
Ecossistema 11,23,24,40
Ecoturismo 24
Efeito estufa 25
Eletricidade 25,26,54
Eletricidade verde 26
Elevação do nível do mar 38,49
Energia 27
Energia elétrica 26
Energia eólica 28
Energia fóssil 27,44
Energia geotérmica 28
Energia hidráulica 28
Energia nuclear 27
Energia renovável 25,27,28
Energia solar 28
Epidemia 35,41
Erupção vulcânica 14
Espécies ameaçadas de extinção 30
Favela 45,52

Ferrotagem	9,25
Fertilizante	**12,29**
Fertilizante biológico	8,29
Fertilizante natural	18,29,35
Fissão nuclear	15
Floresta/Desmatamento	**20,31**
Fontes de energia	27,44
Fotossíntese	31
Gás carbônico	21
Gases de efeito estufa	9,16,22,27,28,31,47
Globalização	**38**
Greenpeace	**32**
Grenelle	**33**
Iceberg	40
Incêndio florestal	14
Irrigação	**33**
Joule	27
Lâmpada econômica	**10,23**
Lençol freático	**39**
Litoral	**34**
Malária	35
Maré negra	**35**
Megalópole	**36,53**
Megápole	36
Meio ambiente	**29**
Migração	**20,37**
Migração sazonal	37
Mudança climática	11,20,33,49
Nanotecnologia	**39**
Necessidades energéticas	27
Nitrogênio	9
Oceanos e mares	**40**
OGM	**12,32,40**
OMS	**34,41**
ONU	15
Oxigênio	9,31,47
Painel solar	28,34
Parques naturais nacionais	**42**

Patrimônio mundial	42
Pegada ecológica	26
Pesca	43
Pesticida	12,43
Petróleo	11,21,27,28,35,44,51
Poços de carbono	47
Política de cotas	43
Polo Norte	11
Polo Sul	9
Poluição	9,14,22,34,45
População	45,50
Princípio da precaução	40,46
Produtos químicos	8,12
Progresso	46,54
Protocolo de Quioto	25,47
Purificação	22
Radioatividade	15,20,48
Raios ultravioleta	18
Reciclagem	13,19,23,48
Recursos naturais	26,32
Recursos/Carências	49
Reflorestamento	47
Revolução Industrial	21,50
Selo AB	12
Superpopulação	34,45
Terra, planeta	22,51
Terremotos	14
Transgênico	40
Transporte	21,23,52
Transporte compartilhado	19
Triagem seletiva	23,52
Tsunami	14
Turismo	24
Unesco	42
Urânio	15
Urbanização	14,34
Veículo elétrico	55
WWF	55

Sobre os autores

Apaixonado por viajar, **Bruno Goldman** fundou em 2000 um programa para que escolas e famílias conheçam o patrimônio cultural da cidade de Paris, o "Paris das Crianças". Foi jornalista por seis anos em revistas e mediador científico por dois anos na Cité des Sciences e na Indústria de La Villette, em Paris, onde trabalhou nas exposições do programa "Gerenciando o planeta." É agora conselheiro acadêmico em educação, responsável por projetos de ciência.

Marc Germanangue é professor na Sciences Po. Mas também gosta de falar com as crianças sobre temas importantes da atualidade.

Créditos das imagens

©Mike Grandmaison/AGStock-REA; ©Y. Arthus Bertrand/Altitude; ©Michael Wolf/Laif-REA; ©Christian Vidal/Biosphoto; ©G. Wiltsie/National Geographic/Getty Images; ©V. Laforêt/AFP; ©M. Boulton/Biosphoto; ©C. Boisseaux/La Vie-REA; ©Karen Robinson/Panos/REA; ©S. Morgan/Ecoscène/Corbis; ©P. Rousseau / CIT'images; ©Soly/Eureka Slide/Reporters-REA; ©G. Mooney/Masterfile; ©European Space Agency/SPL/Biosphoto; ©J.-C. Pattacini/Urba Image Server; ©Chlaus Lotscher/Biosphoto; ©M. Fourmy/REA; ©P. Aventurier/Gamma/Eyedea; ©P. Langrock/Zenit-Laif/REA; ©R. Ian Lloyd/Masterfile; ©G. Lacz/Sunset; ©Horizon Vision/Sunset; ©Horizon vision/Sunset; ©S. Sprague/Still pictures/Biosphoto; ©Rob Blakers/Still Pictures/Biosphoto; ©D. Ademas/Gamma/Eyedea; ©CDC/Phil/Corbis; ©A. Meichsner/Visum/Ask Images; ©P. Bennets/Lonely Planet/Getty Images; ©Lanier/REA; ©W. Meinderts/Foto Natura/Biosphoto; ©C. Courteau/Biosphoto; ©F. Dott/Argus/Biosphoto; ©J. Hurd/Report-Digital/REA; ©J.-C. Pattacini/Urba Images Server; ©C. Leona/AFP; ©W. Poelzer/Foto Natura/Biosphoto; ©A. Le Bot/Photononstop; Coll. Kharbine-Tapabor; ©P. Bessard/REA; ©W. Santana/AP/Sipa Press; ©C. Cerino/REA; ©Jo - fotolia.com; ©Wimbo Alan - fotolia.com; ©Luiz - fotolia.com.

Este livro foi impresso na China em janeiro de 2012.
As famílias tipográficas usadas são a Gulli e BentonSans.